2023—2024 年中国工业和信息化发展系列蓝皮书

2023—2024 年
中国软件产业发展蓝皮书

中国电子信息产业发展研究院 　编　著

朱　敏　主　编

韩　健　副主编

电子工業出版社

Publishing House of Electronics Industry

北京·BEIJING

内 容 简 介

本书在总结全球及中国软件产业发展情况的基础上,从领域发展、重点区域、特色园区、企业情况、政策环境、热点事件等多个维度,对2023年中国软件产业发展进行剖析,并对2024年中国软件产业发展形势进行展望。

本书可为中央及地方各级政府、相关企业和研究人员把握软件和信息技术服务业的发展脉络、研判其前沿趋势提供参考。

图书在版编目(CIP)数据

2023—2024年中国软件产业发展蓝皮书 / 中国电子信息产业发展研究院编著 ; 朱敏主编. -- 北京 : 电子工业出版社, 2024. 12. --(2023—2024年中国工业和信息化发展系列蓝皮书). -- ISBN 978-7-121-49400-0

Ⅰ. F426.67

中国国家版本馆CIP数据核字第20244JQ566号

责任编辑:刘家彤　　文字编辑:韩玉宏
印　　刷:中煤(北京)印务有限公司
装　　订:中煤(北京)印务有限公司
出版发行:电子工业出版社
　　　　　北京市海淀区万寿路173信箱　　邮编:100036
开　　本:720×1 000　1/16　印张:14　字数:313.6千字　彩插:1
版　　次:2024年12月第1版
印　　次:2024年12月第1次印刷
定　　价:218.00元

凡所购买电子工业出版社图书有缺损问题,请向购买书店调换。若书店售缺,请与本社发行部联系,联系及邮购电话:(010)88254888,88258888。
质量投诉请发邮件至zlts@phei.com.cn,盗版侵权举报请发邮件至dbqq@phei.com.cn。
本书咨询联系方式:liujt@phei.com.cn,(010)88254504。

前　言

一

　　软件不仅是一系列代码，更是人类知识和文明的载体，生产者是贡献者，使用者也是贡献者，是供需双方共同智慧的结晶。"软件定义"正在引领创新、促进转型、培育动能，加快数字产业化和产业数字化进程，是数字经济持续快速发展的重要底座。

　　软件产业作为新一代信息技术的创新源泉，是创新活动最活跃、溢出效应最强盛的产业之一。人工智能大模型、云计算等新兴技术加速发展，驱动软件技术在架构设计、商业模式等领域变革升级，不断催生新产品、新模式、新业态。软件云化、智能化、开源化趋势日益明显，加快软件服务向云端迁移，利用智能大模型等新兴技术推动软件升级，更多企业主动布局开源生态。与此同时，软件能力已全面渗透、支撑和服务于各行业领域的融合创新和转型升级，加速下沉，成为覆盖各类业务场景和资源的基础设施，构建数字应用生态圈。软件市场释放的重点逐渐由消费和娱乐类软件向产业及行业类应用支撑软件深入推进。软件应用从边缘业务系统向核心业务系统深入，安全性和稳定性不断提升，为软件产品能力沉淀和迭代创新提供了沃土。

展望 2024 年，人工智能新范式的加速涌现将为软件产业发展注入新的动力，智能化与专业化的深度融合将充分发挥软件新质生产力的牵引、支撑和引领作用。在数字经济的大背景下，数智化转型是当前行业、企业实现高质量发展的必选项。数智化转型走深走实，也将进一步释放新的软件市场空间，软件价值将得到全球高度关注。

二

在党中央、国务院的坚强领导下，我们深入贯彻落实国家软件发展战略，在社会各界的共同努力下，推动我国软件产业加快发展，为建设现代产业体系、构建新发展格局提供有力支撑。

2023 年，软件产业作为新一轮科技革命的核心，以其强大的发展韧性和活力承压而上，在稳定增长中不断开辟新兴赛道，释放创新驱动力，全面服务于各行业领域的融合创新和转型升级，成为经济稳增长的中坚力量。全年软件和信息技术服务业运行稳步向好，全国软件和信息技术服务业规模以上企业超 3.8 万家，累计完成软件业务收入 123258 亿元，同比增长 13.4%，利润总额 14591 亿元，同比增长 13.6%。其中，软件产品收入 29030 亿元，同比增长 11.1%，占全行业收入比重为 23.6%；工业软件产品实现收入 2824 亿元，同比增长 12.3%；信息技术服务收入 81226 亿元，同比增长 14.7%，占全行业收入比重为 65.9%；信息安全产品和服务收入 2232 亿元，同比增长 12.4%；嵌入式系统软件收入 10770 亿元，同比增长 10.6%。

当前，世界百年未有之大变局加速演进，我国新型工业化面临新的形势，机遇和挑战并存。2023 年，全国新型工业化推进大会胜利召开，习近平总书记对推进新型工业化作出了重要指示，为我们从国家发展全局高度再认识、再谋划软件产业高质量发展指出了明确方向。在国家新型工业化战略的指引下，软件产业高端化、融合化发展进程将进一步加快，传统产业数字化、智能化转型对软件的依赖也将进一步强化，软件赋能实体经济高质量发展的潜力将得到更大程度的释放。

三

为全面掌握软件和信息技术服务业领域的发展动态，研判产业发展趋势和重点，中国电子信息产业发展研究院编撰了《2023—2024年中国软件产业发展蓝皮书》。本书在总结全球及中国软件产业整体发展情况的基础上，从领域发展、重点区域、特色园区、企业情况、政策环境等多个维度对中国软件产业发展进行剖析，并对2024年中国软件产业发展形势进行展望。全书分为综合篇、领域篇、区域篇、园区篇、企业篇、政策篇、热点篇和展望篇共8个部分。

综合篇，对2023年全球软件产业发展总体概况和我国软件产业基本发展情况进行阐述。

领域篇，选取基础软件、工业软件、信息技术服务、嵌入式软件、云计算、大数据、人工智能、开源软件等8个重点领域进行专题分析，对各细分领域2023年整体发展情况进行回顾，并从结构、技术、市场等角度总结发展特点。

区域篇，对环渤海地区、长江三角洲地区、东南沿海地区、东北地区、中西部地区等区域进行专题研究，分析各区域产业整体发展情况、发展特点、主要行业发展情况和重点省市发展情况。

园区篇，选取中关村软件园、深圳软件园、中国（南京）软件谷、上海浦东软件园、成都天府软件园、山东齐鲁软件园等代表性园区进行专题研究，总结分析了各个园区的总体发展概况和发展特点。

企业篇，选取基础软件、工业软件、信息技术服务、嵌入式软件、云计算、大数据、人工智能、开源软件等8个重点领域的代表性骨干企业，分析其发展情况和发展策略。

政策篇，对2023年中国软件产业政策环境进行分析，对《"十四五"软件和信息技术服务业发展规划》《生成式人工智能服务管理暂行办法》《元宇宙产业创新发展三年行动计划（2023—2025年）》等重点政策进行解析。

热点篇，总结论述2023年软件领域的热点事件，选取《政府工作报告》

热词、苹果发布首个空间计算操作系统 visionOS、Windows 操作系统集成大模型助手 Copilot 等热点事件，分别进行事件回顾和事件分析。

展望篇，在对主要研究机构预测性观点进行综述的基础上，展望 2024 年我国软件产业整体发展形势、重点领域发展形势。

中国电子信息产业发展研究院注重研究国内外软件产业的发展动态和趋势，持续发挥对政府机关的支撑作用，着力提升区域产业集聚、软件园区（基地）、软件人才等服务能力。希望通过我们的不懈努力，进一步挖掘软件应用价值，发挥好软件和信息技术服务业的基础性、战略性、前沿性作用，为制造强国、网络强国、数字中国建设提供有力支撑。

中国电子信息产业发展研究院

目 录

综 合 篇

领 域 篇

园　区　篇

企 业 篇

展 望 篇

综合篇

第一章

2023 年全球软件产业发展总体概况

软件产业是全球经济和社会发展的基础性、先导性、战略性产业，长期以来都是国际科技竞争和产业发展的重要战略制高点。2023 年，全球软件业市场规模不断扩大，技术创新全面提速，产业形态加速演进，软件与经济社会各领域深度融合，赋能效应持续凸显。

一、全球市场规模不断扩大

2023 年，软件业发展面临全球经济复苏动能减弱、地缘政治风险加剧等外部环境，同时也迎来数字化转型纵深推进带来的新市场机遇，市场规模不断扩大。据 2024 年 4 月高德纳咨询公司（Gartner）发布的报告，2023 年在全球信息技术（information technology，IT）支出保持小幅增长的同时，软件支出额为 9150 亿美元，较 2022 增长 15.2%，预计 2024 年软件支出规模将首次超过 1 万亿美元。信息技术服务市场巨大，并且增长速度逐渐加快，2023 年信息技术服务支出额为 13850 亿美元，2024 年有望增长 9.7%，规模达到 1.52 万亿美元。这主要得益于在经济不确定时期，用户企业更加重视组织效率和优化项目，将支出重心转向自动化智能化技术，包括支持效率提升的核心软件和平台服务。同时，设备和通信服务的采用率近年来趋于稳定，增长空间有限，被软件和信息技术服务超越不可避免。此外，虽然生成性人工智能火爆，但2023 年期间并未显著改变 IT 支出的增长趋势。2022—2024 年全球 IT 支出及预测如表 1-1 所示。

表 1-1 2022—2024 年全球 IT 支出及预测

项 目	2022 年		2023 年		2024 年（预测）	
	支出/10 亿美元	增长率/%	支出/10 亿美元	增长率/%	支出/10 亿美元	增长率/%
数据中心系统	216	13.7	236	9.3	260	10.2
软件	794	8.8	915	15.2	1042	13.9
设备	717	-10.7	664	-7.4	688	3.6
信息技术服务	1250	3.5	1385	10.8	1520	9.7
通信服务	1425	-1.8	1487	4.4	1551	4.3
总 额	4402	0.5	4687	6.5	5061	8.0

数据来源：Gartner，2024 年 4 月。

北美地区：根据科纳仕咨询公司（Canalys）2023 年 9 月预测，北美 IT 支出 2023 年将达到 1.8 万亿美元，占据全球 IT 市场的 37.7%，增速 2.8%，低于 2022 年的 8.5%增速，主要是由于电信服务和云服务商设备支出的下降。

欧非地区：根据 Gartner 2023 年 11 月预测，欧洲 2023 年 IT 支出为 1.05 万亿美元，较 2022 增长 5.5 个百分点，预计 2024 年将以 9.3%的增速继续扩大。与全球趋势相同，软件和信息技术服务预计将是支出增速最高的两个部分。

亚洲地区：根据 Gartner 2023 年 11 月预测，印度的 IT 支出 2023 年将达到 1126 亿美元，增速下降 0.5%，预计 2024 年增速回升至 10.7%，支出达到 1246 亿美元。随着印度组织加快采用人工智能等数字技术，云服务快速应用将促进软件和信息技术服务的增长。日本的 IT 支出预计到 2023 年底恢复至新冠疫情前水平，达到 28.5 万亿日元。

二、智能技术加速业态演进

2023 年，人工智能以前所未有的速度进步，大语言模型（large language model，LLM）实现了跨越式发展。以 GPT-4 为代表的 LLM 展现出强大的智能应用潜力，New Bing、Google Bard 等产品将其与搜索引擎结合，为用户提供更加智能、高效的交互体验。LLaMA 等开源大模型的出现，更是促进了全球范围内的技术竞争与创新。大语言模型的颠覆性突破，正在重构软件创新范式。

智能技术深度渗透了软件生产全流程。低代码平台与人工智能（artificial intelligence，AI）技术结合，实现了应用的快速智能生成。与此同时，英伟达推出的 StarCoder2 等 AI 辅助编程工具，也大幅提升了开发者的工作效率。在企业数智化转型的大背景下，AI+低代码成为未来软件生产的重要趋势。

软件形态变革不断推进。云原生架构使得软件部署运维更加智能化和弹性化，平台化推动了软件服务化和商业模式创新，组件化提升了软件复用度，促进了敏捷开发。在多重因素的共同作用下，软件向着智能化、服务化、组件化方向全面演进。

三、数据+算力要素价值凸显

随着数字经济时代的到来，软件技术范式正加速向"数据驱动"演进。云原生架构让数据采集、存储、计算、流通更加高效，人工智能赋予了软件自主学习、优化能力。以 GPT 等大模型为例，其惊人的语义理解和知识运用能力，正是源自海量互联网文本数据的训练。2023 年，中国数据要素市场交易规模突破 800 亿元，这意味着软件企业可以更容易获取优质数据资源。同年，国家数据局成立，标志着我国在数据要素市场建设方面进入快车道。各地方政府纷纷出台数据要素"行动方案"，加速推进数据流通和交易，为数据驱动软件创新提供有力保障。

与数据同样重要的是算力这一新兴生产要素。智能软件爆炸式增长造成全球算力需求上升。作为算力关键支撑的图形处理单元（graphics processing unit，GPU）芯片的生产商英伟达身价暴涨，已超过英特尔、AMD 等半导体巨头。同时，全球数据中心建设也进入新的扩张周期，据预测，2023—2025 年全球数据中心资本支出相较 2020 年已从 6%上调至 11%。强大的算力使海量数据得以快速处理，数据价值得以充分释放，为软件智能化发展提供了澎湃动力。

四、软硬协同拓展应用空间

随着硬件产品加速数字化、智能化，软件成为实现产品价值提升的关键。传统硬件厂商纷纷布局软件生态，构建"硬件+软件+服务"的全栈式解决方案能力。继无线通信巨头博通收购云服务商 VMware 后，2023 年 9 月网络设备巨头思科宣布收购网络安全大数据企业 Splunk。操作系统、数据分析等软件与硬件深度融合，成为硬件产品实现功能跃升、体验优化的核心驱动力。

　　新型硬件平台发展快速，软件的重要性越发凸显。在智能网联汽车方面，数据显示，2023 年智能座舱渗透率已超过 50%，智能座舱软件市场发展空间广阔。车载操作系统、自动驾驶算法等关键软件能力成为车企的核心竞争力，特斯拉凭借 Autopilot 等自研软件持续引领行业，百度、小马智行等国内企业加速追赶。在元宇宙硬件方面，继 Meta 的虚拟现实设备 Quest 后，2023 年 6 月，苹果发布 Vision Pro 头显及 visionOS 操作系统，押注元宇宙成为下一个通用计算平台。同年，特斯拉发布人形机器人 Optimus，人形机器人商业化进程有望提速，对行业专用软件和人工智能算法形成了广泛需求。

第二章

2023 年中国软件产业基本发展情况

软件是新一代信息技术的灵魂，是数字经济发展的基础，是制造强国、网络强国、数字中国建设的关键支撑。促进软件产业高质量发展是构建现代化产业体系，赋能新型工业化的必由之路。2023 年，我国软件产业高质量发展再上新台阶，持续保持强大发展韧性与活力，对国民经济各行业的赋能作用依然突出，成为数字经济增长的重要引擎。

一、软件产业发展稳步向好，逐步迈向高质量发展阶段

2023 年，在外部形势日益复杂多变，国内经济全面恢复常态化运行的背景下，我国软件产业整体增长态势回升明显，在保障经济回暖的同时不断提振行业信心，展现出较强的韧性与活力，成为国民经济"稳"字利器。2023 年，我国软件业务收入 123258 亿元，同比增长 13.4%（如图 2-1 所示），较 2022 年同期提升 0.5 个百分点；利润总额 14591 亿元，同比增长 13.6%（如图 2-2 所示），比 2022 年同期提升 7.9 个百分点。

从区域分布来看，东部、东北地区保持较快增长，中部地区增势突出。2023 年，东部、中部、西部和东北地区分别完成软件业务收入 100783 亿元、6965 亿元、12626 亿元和 2884 亿元，分别同比增长 13.8%、17.4%、8.7% 和 13.9%。京津冀地区增势突出，长三角地区稳中有升。2023 年，京津冀地区完成软件业务收入 29827 亿元，同比增长 17.1%，高出全国平均水平 3.7 个百分点；长三角地区完成软件业务收入 35437 亿元，同比增长 10.6%，增速较上年同期提高 2.5 个百分点。2023 年我国软件和信息技术服务业区域分布如图 2-3 所示。

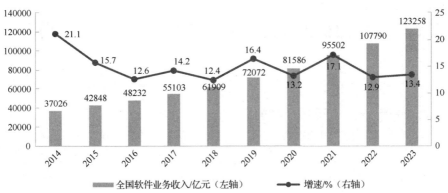

图 2-1　2014—2023 年我国软件业务收入及增长情况

数据来源：工业和信息化部运行监测协调局，2024 年 1 月

图 2-2　2022、2023 年我国软件业利润总额走势

数据来源：工业和信息化部运行监测协调局，2024 年 1 月

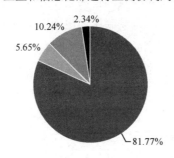

图 2-3　2023 年我国软件和信息技术服务业区域分布

数据来源：工业和信息化部运行监测协调局，2024 年 1 月

二、产业结构稳步优化，信息技术服务占比稳步提升

软件产品与信息技术服务作为软件产业的两种主要形态，在各行业领域数字化、智能化转型需求的拉动中，不断释放增长活力，产业结构进一步优化。**软件产品收入平稳增长**。2023 年，软件产品收入 29030 亿元，同比增长 11.1%，增速较上年同期提高 1.2 个百分点，占全行业收入比重为 23.6%。其中，工业软件产品实现收入 2824 亿元，同比增长 12.3%。**信息技术服务收入较快增长，占比稳步提升**。2023 年，信息技术服务收入 81226 亿元，同比增长 14.7%，高出全行业整体水平 1.3 个百分点，占全行业收入比重为 65.9%，较 2022 年上涨 1 个百分点。其中，云服务、大数据服务共实现收入 12470 亿元，同比增长 15.4%，占信息技术服务收入的 15.4%，占比较上年同期提高 0.5 个百分点。

三、创新体系日趋健全，关键领域典型成果不断涌现

在供需两端双向发力和开源生态的助推下，我国创新体系不断完善，基础软件、工业软件供给水平和应用效能不断提升。产业创新活动密集活跃。根据中国版权保护中心计算机软件著作权登记信息统计，2023 年，全国共完成计算机软件著作权登记 249.5 万件，同比增长 35.95%，登记数量和增速均创 5 年来新高。

基础软件应用效能持续提升。一方面，基础软件应用范围不断拓展，在复杂工程和重点领域中得到实践检验。例如，商业航天公司星际荣耀搭载翼辉 SylixOS 操作系统，成功完成我国首次全尺寸可重复使用火箭试验。麒麟信安基于服务器操作系统，联合易联达推出面向金融领域的数字化银行支付平台。另一方面，一批典型产品持续涌现。例如，统信发布 UOS 桌面操作系统 V20 专业版，文件读写性能提升 20%以上，大文件拷贝速度提升 100%以上。华为推出分布式数据库 GaussDB，实现高可用、高安全、高性能、高弹性、高智能的"五高"优势和易部署、易迁移的"两易"特性。

工业软件典型成果持续涌现。工业软件企业在工业实时操作系统、船舶行业计算系统建模仿真软件、电子设计自动化（electronic design automation，EDA）工具软件等领域涌现出一批创新性强的标志性产品和系统解决方案，并不断向重点行业渗透。开源项目涉及领域由过去的前沿应用侧初步向工业

软件等"卡脖子"环节探索，有望进一步实现突破。

四、品牌效应逐步释放，国际综合竞争力再攀新高

随着云计算技术愈发成熟、国内场景不断打磨成熟，我国软件企业依托深厚的技术实力和产业积累优势，持续深耕国际市场，品牌影响力不断提升。平台型企业持续巩固国际领先优势。2023年全球互联网上市企业市值前三十强中，中国企业占8家，华为等2家企业进入全球最佳品牌百强行列。拼多多旗下跨境电商平台Temu和Shein（希音）分别以4.67亿、1.73亿的独立用户数量，位列2023年全球电商排行榜第2、3名。开源影响力及认可度持续提升。2023年，Deepin（深度）开源社区用户超300万，遍布全球100多个国家和地区，支持34种语言，提供超过1000万行开源代码，累计下载量近1亿次，入选"2023年度上合国家软件产业国际合作优秀案例"。平凯星辰的分布式数据库TiDB已成为国际开源托管平台最受欢迎的产品之一，在GitHub的收藏量超过3.7万。

五、领军企业优势凸显，软件新质生产力加速孕育

2023年，我国规模以上软件企业超过3.8万家，培育出一批具有生态主导力、核心竞争力的骨干企业，成为补短板、锻长板的中流砥柱。大型行业企业加速剥离软件业务。"十四五"期间，大型工业集团通过成立工业软件部门、剥离工业软件企业等方式，积极布局工业软件技术研发与市场推广，不断成立软件子公司提升软件能力，在工业软件补短板方面成效显著。在研发设计软件方面，华为基本实现14nm以上EDA工具国产化；沪东中华发布新一代船舶三维设计软件HDSPD 6.0，打破国外对船舶三维CAD软件的绝对垄断。在生产控制类软件方面，中国华能自主研发的国内首套100%全国产化集散式控制系统（distributed control system，DCS）成功投用，标志着我国电力领域工业控制系统实现自主可控。新兴领域锻长板加速布局。近年来，以大模型为代表的新技术飞速发展，进一步加速软件产业及其他行业变革，重塑以AI为核心的业务逻辑，带来新质生产力的持续跃升。阿里巴巴、华为、智谱AI等软件头部企业、创新企业及科研机构多元主体纷纷入局大模型，目前国产大模型数量已超过200个，面向产业的大模型加速落地，应用场景覆盖办公、制造、气象、煤矿、医药等各个垂直行业领域。

六、产业生态日益完善，高质量发展基础不断夯实

我国软件人才培养模式不断优化，产业集群化发展效应显著，以开放协作为核心理念的开源生态正加速形成，为软件高质量发展提供坚强保障与前进动力。名城集聚带动作用不断增强。2023 年 1—10 月，软件名城继续保持软件产业发展"主力军"优势，14 家已授牌软件名城合计完成软件业务收入 78059 亿元，占全国软件业务收入的比重达 79.5%，软件业务收入同比增速为 13.58%。与此同时，名城软件产业对地方经济发展贡献显著。调研数据显示，软件产业对软件名城 GDP 增长的贡献率平均值超过 20%，部分城市贡献率超过 35%。校企合作人才培养成效渐显。2023 年，在 33 所特色化示范性软件学院建设带动下，校企双方不断深化在人才培养、技术攻关及生态建设方面的合作，一批关键软件教材、课程、实训基地不断涌现，校企研发中心、实验室等创新载体逐渐落地，科研基金、国家项目、行业项目等创新资源持续集聚，部分关键软件技术取得突破。此外，由开放原子开源基金会发起的"开放原子校源行"活动累计培养了 400 余名开源大使，69 所高校成立了开放原子开源社团，校园开源氛围逐渐浓郁。

领域篇

第三章

基础软件

基础软件主要包括操作系统、数据库、中间件、办公软件等，是信息系统的核心组成部分，也是保障国家信息系统安全的重要防线。长期以来，党和国家高度重视基础软件的发展，习近平总书记强调："要打好科技仪器设备、操作系统和基础软件国产化攻坚战，鼓励科研机构、高校同企业开展联合攻关，提升国产化替代水平和应用规模，争取早日实现用我国自主的研究平台、仪器设备来解决重大基础研究问题。"2023 年，在日益复杂多变的外部形势和国内经济缓慢恢复的背景下，我国基础软件发展整体向好，连续多年保持稳步增长。

一、发展概况

（一）操作系统领域

操作系统是一组控制和管理计算机硬件资源、提供各种服务和支持应用程序运行的系统软件，是计算机系统中的核心组成部分之一，包括进程管理、内存管理、文件系统管理、设备驱动程序管理、用户接口、安全性和权限管理、网络管理、错误检测与处理等功能模块。根据 StatCounter 统计，截至 2024 年 2 月，在全球桌面操作系统市场中，Windows 的市场占有率为 72.13%，macOS 为 15.46%，Chrome OS 为 2.26%，Linux 为 4.03%。国内桌面操作系统市场分布情况与国外有较大差异，Windows 的市场占有率从 2020 年的 87.09%下滑至 2024 年的 80.12%，macOS 和 Linux 分别为 7.12%和 1.02%。随着信创工作的持续深入推进，国产操作系统的市场占有率平稳增长，麒麟、统信、中科方德等厂商，以及 OpenHarmony、openKylin、openEuler 等操作系统社区快速发展。华为、小米、蔚来等重量级厂商也相继入局泛在操作系统争夺战。据 Counterpoint 数据，2023 年第一季度，华为 HarmonyOS 系统在中国的市场份额达到 8%，成为安卓、iOS 之后的第三大手机操作系统。2023 年 8 月，HarmonyOS NEXT 实现了 100%全自研，面向合作企业开发者开放，并计划在 2024 年一季度向所有开发者开放。2023 年 9 月，蔚来发布整车全域操作系统天枢 SkyOS。2023 年 10 月，小米发布澎湃 OS，整合旗下"人、车、家"的全生态操作系统。可以预见，随着智能终端、智能网联汽车等优势产业加速布局，我国操作系统将在竞争中催生出更多"撒手锏级"应用。

（二）数据库领域

数据库作为数据存储、处理、分析的核心基础软件，是中国信息化建设中需求量最大、应用最广泛的软件之一，经过三十多年的发展，国产数据库已经初具规模，应用于教育、电力、金融、农业、卫生、交通、科技等行业。Oracle、IBM 等国际巨头凭借产品线丰富、技术储备深厚、研发团队成熟、资金实力较强及较早进入国内市场的优势占据国内市场主导地位，形成了数据库市场竞争的第一集团。近年来，随着我国信息化的深入发展，国产数据库迅速崛起。据智研咨询测算，2023 年我国数据库市场规模达到 268.15 亿元，其中数据库软件产品规模为 227.29 亿元。预计到 2027 年，我国数据库市场总规模将达到 1286.8 亿元。相比国外厂商，本土企业在核心技术、产品竞争力以及资金、品牌、渠道等方面仍存在较大差距。同时，国内互联网企业、运营商依托云数据库、开源数据库等产品入局，市场竞争日趋激烈，奥星贝斯的 OceanBase、华为的 GaussDB、达梦、人大金仓等国内品牌最被人熟知。例如，达梦数据掌握数据管理与数据分析领域的核心前沿技术，拥有主要产品全部核心源代码的自主知识产权，公司产品市场占有率在国产数据库中位居前列。

（三）中间件领域

中间件是分布式环境下支撑应用开发、运行和集成的一种跨平台基础软件，通过使用系统软件提供的基础功能，衔接网络上应用系统各部分或不同应用，实现资源共享、功能共享。国内中间件市场规模一直保持稳定增长，据中商产业研究院数据，2023 年我国中间件市场规模为 127.7 亿元，较上年增长 17.37%，预计 2024 年将增长至 147.3 亿元。IBM 和甲骨文等国外厂商在中间件领域布局较早，凭借多年的技术积累以及市场化并购行为，市场份额位居前列。随着国内中间件厂商技术能力的不断提升，东方通、宝兰德、中创中间件等国内厂商市场份额稳步增加，国产中间件产品在电信、金融等领域打破国外厂商的垄断，逐步实现国产化自主可控。其中，东方通面向金融、电信等行业领域内的企业级客户，在国产厂商中的市场占有率最高。宝兰德与中国移动合作数十年，已实现中国移动在中国近 20 个省市的核心业务系统中间件国产替代，助力中国移动实现中间件自主可控；普元信息以定制化平台和应用开发为主，主要面向金融行业的用户。

（四）办公软件领域

办公软件是指用于日常办公活动的软件，包括但不限于文字处理、表格计算、演示制作、电子邮件管理等软件产品，并随着技术的发展逐步扩展到利用人工智能、大数据、物联网等技术提供更高效、智能的智慧办公解决方案。据统计，2022 年全球智慧办公行业市场规模达到 656.28 亿美元，其中我国企业数量达到 136.82 万个，同比增长 9.8%。近年来，国内桌面操作系统市场经过快速发展，形成了微软的 Microsoft Office 与金山办公的 WPS Office 同台竞争，永中软件的永中 Office、中标软件的中标普华 Office 等其他厂商跟进发展的竞争态势。以金山办公的 WPS Office 为例，其研发的 Linux 版本已全面支持国产 PC（个人计算机）架构（如申威、飞腾、兆芯等自主芯片）和统信、麒麟等国产操作系统，现已在金融、能源、航空等多个重要领域得到全面应用，特别是在央企、国有银行、股份银行等重点企业中的市场占有率已超过 85%。

二、发展特点

（一）技术特点

开源社区成为基础软件厂商构筑技术生态体系的重要发力点。我国本土技术供给与当前全球主流技术栈的关联度不断提升，已成为全球技术演进的重要贡献者，Kylin、SphereEX 等国产项目陆续成为 Apache 软件基金会顶级项目。受益于国家政策的支持和市场需求的增长，国产基础软件厂商获得了快速发展机遇，麒麟软件和统信软件等头部企业持续加大技术研发投入，并通过开源社区寻求技术和生态系统的突破。例如，统信软件从上游的 Ubuntu 转向 Debian，再从 Debian 转向更底层的 Linux Kernel，不断向上层技术社区进行深入探索。OceanBase 自 2021 年 6 月开源以来，已有 2000 余家概念验证（proof of concept，POC）用户，集群数超过 1 万，已连接 3 万多名社区开发者，获得 7000 多个 Star 和 300 多位贡献者。openEuler 社区孵化了超过 500 个创新项目，涵盖基础组件、安全、运维、云原生等领域。

（二）市场特点

下沉市场、行业级市场和消费级市场成为拓展方向。近年来，国内基础软件市场以金融、电信等领域存量产品替换为主，由于财政资金紧张、国产体系替换测试验证周期较长等因素，2023 年内基础软件产品订单波动较大，半数产品在第四季度冲刺完成。随着重点领域头部用户核心业务系统验证测试工作的陆续完成，国产基础软件或将迎来重点行业核心业务系统的大规模上线，我国基础软件市场规模将进一步扩大，金融、电力、电信等重点行业领域的市场份额将持续提高。此外，随着国产基础软件在性能、稳定性、可靠性、易用性、兼容性等方面的持续提升，有望在未来 3～5 年逐步满足中央企业、地方国企，以及教育、医疗等行业的规模化需求，将有越来越多的国产基础软件产品被应用到交通、物流、教育、医疗等其他领域。在智能座舱、智能手机、平板电脑、智能办公、云桌面等领域，以华为（包括其云服务品牌华为云）、小米、蔚来、金山等为代表的重量级厂商也不断推出消费市场的新产品。

（三）产品特点

以 AI 大模型为代表的新技术深度融合将成为主流趋势。未来，AI 技术将更深入地集成到各种软件和系统中，通过大数据分析提供更加个性化的服务和智能推荐，在自动化办公、生产流程优化、减少硬件投资和简化维护等方面发挥作用，助力企业降本增效。例如，openEuler 提出的 OS for AI 和 AI for OS 发展规划：一方面，通过异构资源统一管理与调度打通通用算力和 AI 算力，提升大模型训练和推理效率；另一方面，基于大模型开发新的人机交互框架平台，实现智能问答、智能运维、智能调优和智能调度，提升操作系统使用管理效率。在移动 OS 方面，2023 年，小米发布全新的澎湃 OS，宣称小米新十年的战略目标是大规模投入底层核心技术，致力成为新一代全球硬核科技引领者，将进一步加强其智能硬件和家居产品的生态系统，实现设备间的无缝连接和交互。

第四章

工业软件

工业软件是软件化的工业技术，内含工业知识与流程，以软件形式赋能工业企业，是现代制造业之魂。具体而言，工业软件是针对工业领域应用开发的，面向工业企业研发设计、生产控制、经营管理、运维服务等工业领域各流程的指令集合。工业软件既包括 EDA、CAD、CAE、CAM、PLC、SCADA、DCS、MES 等传统工业软件，也包括在工业互联网平台上运行的工业应用（application，APP）等新型工业软件。2023 年 12 月，中央经济工作会议再次提出，要以科技创新推动产业创新，发展新质生产力，实施制造业重点产业链高质量发展行动，提升产业链供应链韧性和安全水平。工业软件作为现代工业的关键组成部分，是实现新质生产力提升的重要工具和平台。随着工业软件重要性逐渐被认识以及产业基础再造等各项政策措施的落地实施，我国工业软件供给能力持续优化，2023 年工业软件产品实现收入 2824 亿元，同比增长 12.3%，为建设现代化产业体系提供了关键共性基础。

一、发展概况

（一）产业规模

2023 年是全面贯彻党的二十大精神的开局之年，党中央和国务院在新时期为推动我国软件产业的高质量发展，制定了一系列战略规划和关键措施，发布了包括《"十四五"软件和信息技术服务业发展规划》《"十四五"信息化和工业化深度融合发展规划》《"十四五"智能制造发展规划》在内的多项政策文件。在这些政策中，工业软件被定位为一个基础性工程，其价值和重要性不断得到提升。政策的重点包括加强工业软件的共性基础技术研究、提升核心产品的供应能力以及推动行业应用的持续创新。为了进一步推动工业软件的发展，政策文件中强调了加强工业软件基础技术支撑的重要性，并明确了相关的重点任务。自 2021 年起，工业软件首次被纳入国家的重点研发计划中，成为重点专项之一。随着支持工业软件发展的多项政策的相继实施，工业软件行业的发展势头日益强劲，正快速进入一个高速发展的阶段。公开资料显示，2017 年至 2022 年中国工业软件市场规模分别为 1293 亿元、1477 亿元、1720 亿元、1974 亿元、2414 亿元和 2407 亿元，2023 年工业软件市场规模继续维持在 2000 亿元以上，接近 3000 亿元，达到 2824 亿元，同比增长 17.3%，如表 4-1 所示。

表 4-1　2018—2023 年中国工业软件市场规模及增长

年　　度	2018 年	2019 年	2020 年	2021 年	2022 年	2023 年
市场规模/亿元	1477	1720	1974	2414	2407	2824
同比增长	14.2%	16.5%	14.8%	22.3%	-0.3%	17.3%

数据来源：赛迪智库整理，2024 年 5 月。

（二）产业结构

按应用场景和功能，将工业软件划分为研发设计类、生产控制类、信息管理类、嵌入式软件四大类。其中，研发设计类工业软件主要指的是一系列专门用于提升企业在产品研究开发和设计阶段的效率和质量的软件工具和系统，包括计算机辅助设计（CAD）、计算机辅助工程（CAE）、计算机辅助制造（CAM）、电子设计自动化（EDA）、建筑信息模型（BIM）、产品生命周期管理（PLM）等；生产控制类工业软件主要服务于工业企业生产制造，旨在优化生产流程、提高生产效率、降低成本、提升产品质量，并通过精确控制生产过程来增强企业竞争力，包括制造执行系统（MES）、数据采集与监控系统（SCADA）、集散式控制系统（DCS）、安全仪表系统（SIS）、可编程逻辑控制器（PLC）、现场总线控制系统（FCS）等；信息管理类工业软件是企业日常经营管理中不可或缺的工具，帮助企业收集、处理、存储和分析各类信息，以支持企业的决策制定、运营效率和战略规划，包括企业资源计划（ERP）、企业资产管理系统（EAM）、客户关系管理（CRM）、人力资源管理（HRM）、供应链管理（SCM）等；嵌入式工业软件主要是指嵌入硬件产品或设备中的系统和软件，包括通信设备、消费电子、工业控制和汽车电子四大类。

从细分领域看，我国研发设计类工业软件基础最为薄弱，国产化率最低，部分领域不足 10%，中高端市场也主要依赖国外供给；嵌入式工业软件发展较好，国产占比超过 50%；生产控制类和信息管理类工业软件依托国内巨大市场，其产品性能和稳定性，以及国产软件市场占有率均持续提升。

二、发展特点

（一）政策推动特点

国家层面，重视工业软件在推进现代化体系中的关键支撑作用。党中央、国务院以及各部委、各省市高度重视工业软件高质量发展。工业软件作为国家工业发展和网络建设的基础工具，在推动新型工业化进程中扮演着关键角色，不仅对提升国家竞争优势至关重要，也是实现制造业和网络领域强国战略的基石。"十四五"时期，国家深入实施制造强国战略，实施产业基础再造工程，2021 年 2 月，首次将工业软件纳入科技部国家重点研发专项，工业软件重要性被加强；2023 年，我国持续在工业软件领域出台了一系列政策，以促进该行业的高质量发展。《"十四五"软件和信息技术服务业发展规划》强调了产业链供应链现代化水平的提升，提出了稳固上游、攻坚中游、做优下游的策略，以全面提升软件产业链现代化水平。《"十四五"信息化和工业化深度融合发展规划》旨在推动信息化与工业化的深度融合，促进工业软件在工业生产中的应用，提高生产效率和智能化水平。《"十四五"智能制造发展规划》聚焦智能制造领域，强调工业软件作为智能制造的关键支撑，鼓励工业软件的创新和应用。工业和信息化部等八部门联合印发《关于加快传统制造业转型升级的指导意见》，明确提出工业企业数字化研发设计工具普及率、关键工序数控化率的具体目标。科技部继续实施国家重点研发计划"工业软件"重点专项，以支持工业软件领域的技术创新和研发。

地方层面，重视工业软件产业集聚发展和企业培育壮大。在贯彻落实制造强国、网络强国和数字中国等关键战略的过程中，各地区将工业软件定位为智能制造和产业数字化转型的核心工具，多个省市已经相继推出支持工业软件发展的政策措施。尤其是工业基础扎实的地区，利用自身的优势，加快工业软件的创新应用，并促进软件产业的集群发展，以扩大和强化工业软件产业的规模。具有坚实工业基础的城市，如上海、广州和成都，制定并实施了旨在推动工业软件高质量发展的行动计划，通过增加对软件产业的支持、培养行业领军企业、支持基础技术的研发等措施，打造国家级的工业软件产业中心。江苏、沈阳等多个省市也出台了针对工业软件发展的扶持政策，以促进当地工业软件产业的自主创新和高质量发展，加大了资金奖补力度，通过科技和产业化重大专项引导资金支持工业软件的攻关和应用推广，并设置多个工业软件重大专项，启动科技攻关项目，调动资源开展基础性、关键性工业软件的科技攻关。

此外，工业软件的创新发展，人才起基础作用。国内工业软件企业盈利水平有限，且企业内部人才成长动力不足，人才收入远不如国外知名工业软件企业及国内互联网企业。据《关键软件人才需求预测报告》预测，到 2025 年，我国关键软件人才新增缺口将达到 83 万人，其中工业软件人才缺口将为 12 万人。为应对我国工业软件人才短缺问题，教育部与工业和信息化部联合发布了《特色化示范性软件学院建设指南（试行）》，旨在关键软件领域，包括基础软件和工业软件，打造一批示范性的软件学院。该指南确立了学院的建设目标、方向、策略和管理体系，首批选定了 14 所高校，专注于工业软件领域的教育和人才培养，以期培养出符合行业发展需求的特色化软件人才。

（二）企业发展特点

工业市场需求庞大，带动国产工业软件产业发展。 数据显示，我国制造业增加值占全球制造业比重由 2012 年的 22.5% 增长至 2023 年的 30% 左右，制造业规模连续 14 年居全球首位，而工业软件全球市场规模占比不足 8%，与我国排名第一的制造业地位极为不符。当前，我国已经形成规模大、体系全、竞争力较强的制造业体系，并且我国已经明确提出要推动实体经济与数字经济的相互融合，着力发展实体经济。随着各项政策的深入实施，制造业市场有望进一步回暖，工业软件市场需求预计将持续增长。但是，受国际复杂环境影响，美西方多次对我国关键软件断供，对我国重要工业软件企业实施管制举措，我国制造业高质量发展受到挑战。关键技术的"卡脖子"风险以及国产化替代的潜力，为国内工业软件企业提供了发展国产软件、推动制造业智能化的机遇。缺少工业软件，制造业的发展将局限于基础的机械自动化；缺少先进的工业软件，高端设备的设计与制造将难以进行；缺少自主研发的工业软件，新型工业化的进程将难以推进。当前，我国正处于数字化转型的紧要关头，掌握工业软件这一关键技术至关重要，这将为国内工业软件的快速发展提供重要机遇。工业软件的技术突破对于推动我国制造业的数字化转型具有重要意义。

工业软件企业加大投入，国产工业软件企业在中低端市场的占比逐步提高。 随着智能制造、产业数字化转型的实施，工业软件作为推动制造业高质量发展的关键要素的战略价值愈发凸显。我国工业软件企业发展势头强劲，持续加大研发投入，在关键技术突破、产品市场竞争力等方面取得了阶段性成果。从企业供给能力看，依托我国庞大的工业场景需求，国产工业软件企业在特定行业实现突破。例如，中控技术的核心产品集散式控制系统（DCS）在国内的市场占有率达到了 33.8%，连续 11 年居 DCS 市场占有率第一。此外，在化工、石化、建材 3 个行业中，中控技术的 DCS 产品的市场占有率均排名第一，安全仪表系统（SIS）国内市场占有率为 25%，在该领域排名第二。从资本市场看，工业软件企业获得了资本青睐，融资规模逐年提升，尤其是部分龙头企业从规模优势转为技术优势，逐步迈向高端市场。数十家设计仿真、生产控制等工业软件企业登陆国内资本市场，企业融资能力得到增强。Wind 数据显示，仅 2022 年共 17 家工业软件企业成功上市，募集资金总额高达 200 亿元。

各类工业软件产品性能存在较大差距，国产工业软件发展道路任重道远。 整体而言，尽管我国本土工业软件企业实力大幅提升，但是与国外相比，在市场规模和研发实力等方面还存在较大差距。高端市场基本以国外产品为主，被以达索、西门子、罗克韦尔、施耐德、Autodesk、PTC、SAP、Oracle、ABB 等为首的国际工业软件龙头企业所占据，攫取我国市场大部分利润。此外，国产工业软件长期市场缺位，关键核心技术、工艺知识积累等方面无法与国外企业抗衡，国外早已形成软硬件联盟，提供一体化解决方案，国内企业早期"重硬轻软"，软件价值长期未被重视，"造不如买"软件未跟随机械硬件、装备获得长足发展。从细分市场看，各类工业软件企业发展水平差别较大。其中，嵌入式、生产控制类、信息管理类工业软件凭借庞大的工业企业市场，孕育出一批龙头企业，在中低端市场迭代优化，占据一定的市场份额。例如，脱胎于钢铁行业的宝信软件，借助在特定行业优势，成为钢铁冶金 MES 领域的龙头企业；石化行业工业软件龙头企业石化盈科背靠石油化工产业需求，提供专业化解决方案；在企业资源规划（ERP）市场，用友和金蝶在中低端市场中的占有率约为 70%，并正致力于向高端市场拓展。与此同时，研发设计类工业软件领域，国产软件的基础相对薄弱，目前市场主要由海外产品主导，国产化比例相对较低，不足 10%，这表明该领域有巨大的提升空间。

（三）技术发展特点

技术趋势一：一体化集成发展。当前，CAD 和 CAE 紧密联系，一些工业软件企业开始尝试跨越、整合两个领域，实现设计工具和仿真工具的无缝连接，即设计即仿真，成为工业领域的标配。①CAD 向 CAE 领域延伸，当前主流 CAD 软件，如 SolidWorks、CATIA、Autodesk Fusion 360、PTC Creo 等提供 CAE 分析功能，制造端前置，在设计环节就加入仿真，承担更多传统上样机与测试的功能。②CAE 向 CAD 领域兼容，实现 CAE 几何模型向 CAD 系统转移的能力，如 Ansys CAE 软件不仅能够进行精确的工程分析，还能够与 CAD 工具紧密协作，形成高效的设计和工程工作流程，这种集成大大提升了设计和仿真的效率，减少了在不同系统间转换模型的时间和复杂性。③CAD 和 CAE 集成，如 Siemens NX 是一款集成了 CAD、CAE 和 CAM 功能的综合性软件，允许用户在同一平台下进行产品设计、仿真和制造。此外，国外工业软件巨头通过并购重组，进一步完善产品线，向 CAX+PLM 一体化发展；我国工业软件龙头企业中望软件也通过提升技术，打造集设计、制造、仿真于一体的 CAX 平台。④工业软件和人工智能的融合。主流工业软件研发企业布局"工业软件+AI"新技术赛道，如 Synopsys 与 Ansys 均开始布局人工智能大模型解决方案，其中 Synopsys 于 2020 年推出首个 AI 自主芯片设计解决方案 DSO.ai，推动了 EDA 软件利用机器学习和深度学习等 AI 技术；Ansys 也于 2024 年 1 月推出基于云技术的通用物理场平台 Ansys SimAI，加快了复杂仿真场景性能预测速度。

技术趋势二：从工具向平台演进。工业软件正发展为开放的平台，支持与其他系统和工具的集成，提供模块化和可扩展的解决方案，满足不同行业和客户的需求。工业软件厂商试图从整个设计-制造过程中进一步提取价值，将设计的前端和制造的后端直接连接起来，如 PTC Windchill 是一款 PLM 软件，与 PTC 的 CAD 软件 Creo Parametric 紧密集成，用于管理产品设计和相关文档的整个生命周期；达索以 4.25 亿美元的价格收购制造业 ERP 软件公司 IQMS，进一步扩展其 3DEXPERIENCE 平台，向一体化集成商迈进。工业软件正逐步摆脱单一的工具属性，通过集成多种软件技术，逐步发展为支撑企业多项业务的使能平台。

技术趋势三：软件云化成为全球趋势。工业软件越来越多地部署在云端，提供基于订阅的服务模式，使企业能够按需使用软件，降低初始投资成本，同时享受更灵活的服务。从供给侧看，工业软件云化成为全球趋势，工业软件国际巨头纷纷推出云化工业软件产品，趋势正在改变工业软件的提供、部署和使用方式。例如，全球领先的设计和制造软件提供商 Autodesk 已经将其许多产品如 AutoCAD、Inventor、Fusion 360 等转型为基于云的服务；西门子推出一套基于云的 PLM 解决方案；达索推出 3DEXPERIENCE 平台等。通过云化，工业软件的商业模式正在经历从一次性购买到持续性订阅服务的重大转变。这种订阅模式不仅促进了软件开发商与客户之间长期且稳固的伙伴关系，还有助于培养用户对国产工业软件的接受度，并逐步扩大国内用户基础。Autodesk 是订阅制转型的一个典型例子，该公司经过超过十年的时间，基本完成了向订阅模式的转型。在我国，工业软件企业如广联达也在部分地区开始实施订阅模式，与应用企业建立了互利共赢的合作关系，并实现了产品的迭代优化。基于云的订阅模式为传统的本地软件安装提供了另一种可行的选择，并且这种模式正日益受到市场的接受和青睐。

第五章

信息技术服务

一、发展概况

信息技术服务是以软件技术、网络技术等信息技术为支撑提供的对信息的采集、存储、传递、处理及应用等服务性工作的总称。根据《国民经济行业分类》（GB/T 4754—2017）（2019 年修改版），软件和信息技术服务业可分为软件开发、集成电路设计、信息系统集成和物联网技术服务、运行维护服务、信息处理和存储支持服务、信息技术咨询服务、数字内容服务、其他信息技术服务业等。

（一）产业规模

2023 年，在国家政策支持、技术创新驱动以及数字化转型加速、数字消费升级等多重因素作用下，我国信息技术服务业收入规模增速加快，相较于全行业优势更加突出，整体保持平稳向好发展态势。工业和信息化部数据显示，2023 年，信息技术服务收入 81226 亿元，同比增长 14.7%（如图 5-1 所示），高出全行业整体水平 1.3 个百分点，占全行业收入比重为 65.9%。

（二）产业结构

2023 年，信息技术服务业运行态势平稳向好，收入增速全行业领跑优势更加明显。其中，云服务、大数据服务共实现收入 12470 亿元，同比增长 15.4%，占信息技术服务收入的 15.4%，较上年同期提高 0.5 个百分点；集成电路设计收入 3069 亿元，同比增长 6.4%；电子商务平台技术服务收入 11789 亿元，同比增长 9.6%。

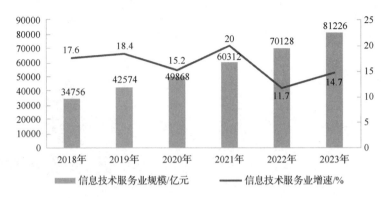

图 5-1 2018—2023 年我国信息技术服务业规模及增速

数据来源：工业和信息化部官网，2024 年 1 月

（三）产业创新

"一云多芯"技术架构成为云计算产业发展的关键。"一云多芯"技术架构通过云平台屏蔽底层架构差异，实现不同芯片架构计算资源的统一调度和管理，可有效解决"底层架构多芯多栈"问题，规避算力孤岛，满足用户算力多样化需求。金融、能源等关键行业可基于"一云多芯"构建云基础设施底座，实现多元算力的统一池化管理、统一调度以及业务的差异化部署等，逐步实现从算力并存到算力统一。目前阿里云、中国移动、中国电信、浪潮、腾讯等多家公司已通过中国信息通信研究院（简称中国信通院）发布的"一云多芯"系列标准，据中国信通院调查统计，我国"一云多芯"2023 年市场规模达到 917.95 亿元，增速达 7%。预计我国"一云多芯"市场规模在 2024 年或将突破 1300 亿元，增速达 22.5%。

大模型驱动生成式 AI 产品高速迭代，引领新一代数字化变革。生成式 AI 可以基于训练数据和生成算法模型，自主创造新的文本、图像、音乐、视频、3D 设计等各种形式的内容和数据，重塑传统的内容生产和获取方式，简化知识获取和创作的难度。当前，大模型进入全面爆发期，百度、华为、阿里巴巴等头部互联网企业纷纷入局，数据显示，中国有至少 130 家公司研究大模型产品，其中 100 亿参数规模以上的大模型超过 10 个，10 亿参数规模以上的大模型已近 80 个，大模型数量位居世界第一梯队。这极大地促进了生成式 AI 产品不断推陈出新，在效率与精准度上实现质的飞跃，全面融入各行业领域。

数据研发运营一体化（DataOps）进入规模化落地阶段。DataOps 是数据开发的新范式，它将敏捷、精益等理念融入数据开发过程，通过对数据相关人员、工具和流程的重新组织，打破协作壁垒，构建集开发、治理、运营于一体的自动化数据流水线，不断提高数据产品交付效率与质量，实现高质量数字化发展。随着产业实践的与理论研究发展，DataOps 已从模糊的概念期逐步演化至落地实践阶段。2023 年上半年，工作组发布《DataOps 实践指南（1.0）》，从最佳实践中抽象出 DataOps 的理论框架，为产业界实践 DataOps 提供理论参考；中国信通院依据 DataOps 研发管理能力域标准，开展评估贯标工作，验证了工行、农行、浙江移动、江苏移动等领先企业在数据研发管理方面的能力，以评促建，推动这些机构完善自身能力。

二、发展特点

（一）规模特点

信息技术服务收入规模全行业领先、增速恢复强劲。从收入规模来看，2023 年信息技术服务业实现收入 81226 亿元，占全行业收入比重为 65.9%，相较于软件产品收入、信息安全收入和嵌入式系统软件收入所占比重分别高出 42.3、64.1 和 57.2 个百分点（如图 5-2 所示）。从收入增速来看，2023 年信息技术服务收入同比增长 14.7%，增速高于上年同期 3 个百分点，高出全行业水平 1.3 个百分点；相较软件产品收入、信息安全收入和嵌入式系统软件收入的增速分别高出 3.6、2.3 和 4.1 个百分点（如图 5-3 所示），与上年同期相比提高 1.8、1.0 和 3.7 个百分点。

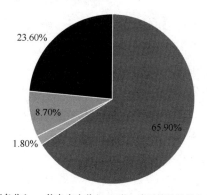

图 5-2　2023 年软件业分类收入占比情况

数据来源：《2023 年软件和信息技术服务业统计公报》

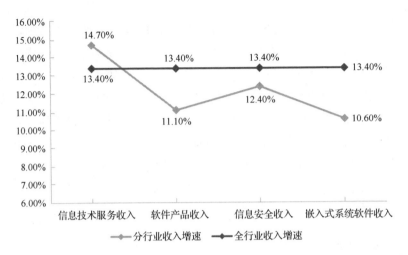

图 5-3　2023 年软件业分类收入同比增速情况

数据来源：《2023 年软件和信息技术服务业统计公报》

（二）结构特点

开源、众包等群智化研发模式成为创新主流方向。近年来，开源模式因能够显著降低技术研发门槛、帮助创新得以快速传播和实践而备受欢迎，大模型等前沿技术也通过构建开源生态实现了快速发展。例如，华为在 2020 年开源的昇思 MindSpore 已成为国内开源社区最活跃的 AI 框架之一，目前共有 400 多个模型、900 多篇顶会论文基于昇思 MindSpore 技术生态实现，13000 多名核心开发者在昇思 MindSpore 社区做出贡献。此外，众包作为一种分布式问题解决和生产模式，能够高效调用分散的人力资源实现海量数据的快速精准分析，目前正广泛应用于图像标记、自然语言处理等领域，同样有效促进了信息技术服务的发展。

云原生架构成为企业数字化转型的加速器。云原生架构能够提供一套完整的、面向混合 IT 环境的管理框架，利用适用于分布式应用场景的以"高效交付云服务"为目标的运营模式，助力企业在短期内构建起面向云服务的管理规范和技术框架。当前，新零售、政府、金融、医疗等领域的企业与机构逐渐将业务应用迁移上云，深度使用云原生技术与云原生架构加速数字化转型进程。以阿里巴巴为例，其早在 2009 年便成立了阿里云，开启了云化时代，当前，阿里巴巴已逐步实现核心系统全面云原生化，全面使用云原生产品支撑每年的大型促销活动，确保了系统的高效运行和弹性扩展。

信息技术服务模式向提供整体解决方案持续变革。当前，随着数字化转型持续深入，客户对信息技术服务的需求不断提升，信息技术服务商通过应用新技术、提升服务能力、升级服务内容，逐渐由"单一成本控制"向"共同创造价值"的伙伴式合作模式转变，主动挖掘跟踪客户需求并提供与之匹配的服务，实现从单一交付实施到整体方案服务的技术赋能提升。在此背景下，具有多品牌、跨平台、复杂架构的整体信息技术解决方案更加盛行。例如，浪潮立足于为金融客户提供智慧渠道服务解决方案及产品，顺应银行物理渠道智能化改造与网点转型的潮流，规划出涵盖银行网点、离行渠道、银企服务 3 个方面的智慧银行云整体方案，实现银行业务从"交易型、引导型"到"营销型、体验型"的转变，为最终用户提供随时、随地、随心的全新服务体验，提高生产力、降低运营成本，最终实现智慧银行、精益增效的愿景。

（三）市场特点

信息技术服务市场可以分为项目类服务、管理类服务和支持类服务市场[①]。项目类服务包含 IT 咨询、系统集成、网络咨询与集成以及定制化软件开发；管理类服务包含应用管理、托管应用管理、网络和终端管理、IT 外包以及托管基础设施；支持类服务包含硬件部署与支持、软件部署与支持以及 IT 教育与培训。

项目类服务市场稳定发展。一方面，《"数据要素×"三年行动计划（2024—2026 年）》等相关政策的推进落实使得数据中台、数据治理/分析、数据安全等项目进入加速落地阶段，适配互联网、金融等不同行业的数据咨询、建设、开发项目服务增多。另一方面，随着生成式 AI 的快速发展和应用，众多高等教育机构和企业纷纷主导建设智能计算基础设施和公共训练数据资源平台，带动相关建设项目服务快速增长。同时，围绕大模型训练、推理以及相关场景的咨询和专家服务正在初步展现规模。

管理类服务存量市场较为稳定。2023 年，公有云市场增速的放缓使得云厂商对托管基础设施（如主机托管市场）的需求降低，公有云托管服务市场规模相应减小。但私有云、混合云以及存量 IT 基础设施数量仍然庞大，企业对应用管理、网络管理、IT 外包等专业管理服务仍存在较大诉求。双向发力下，管理类服务市场存量空间保持稳定。

---

① 定义分类来源于国际数据公司（IDC）。

支持类服务市场恢复增长。大模型的发展对智算相关基础设施产生积极影响，计算服务器、以太网交换机等相关硬件设备迎来显著增长，带动了相关部署与支持服务的持续增长。同时，各类基于云平台层/应用层软件的开发和部署需求仍然旺盛，为软件部署与支持服务市场带来了一定支撑。另外，智算基础设施集群以及大模型相关平台的使用对企业 IT 从业人员的综合素质提出了更高要求，企业对 AI 相关培训需求加大，推动了 IT 教育与培训类支持服务市场的规模扩大。

第六章

嵌入式软件

一、发展概况

（一）产业规模

工业和信息化部运行监测协调局数据显示，2023 年我国嵌入式系统软件收入 10770 亿元，占全行业收入比重为 8.7%，同比增长 10.6%，增速较上年同期回落 0.7 个百分点。随着我国工业化和信息化融合及数字经济和实体经济融合的持续深入、传统产业数字化转型的不断加速，以及数字中国建设的不断完善，嵌入式软件市场需求旺盛，预计嵌入式软件产业将持续保持良好发展态势。

（二）产业结构

在产业链构建中，嵌入式系统因其软硬件紧密集成的特性，使得软件与硬件的开发过程难以彻底分离，因此嵌入式软件产业通常被视为嵌入式系统产业链的关键组成部分。该产业链可划分为 3 个主要环节：上游的硬件制造与开发工具供应、中游的系统开发及下游的多样化应用领域。上游环节涉及两大核心领域：首先是硬件制造，涵盖处理器、存储器、外部设备、输入/输出接口和图形控制器等关键组件，这些硬件随着技术进步越来越多地以集成电路形式集成提供；其次是开发工具和环境，由于嵌入式系统本身不具备开发功能，需依赖通用计算机上的相应工具和环境。中游环节则聚焦于嵌入式系统的综合开发，包括系统整体开发、软件和硬件开发。下游环节则涵盖广泛的垂直行业应用，如通信设备、广播设备、汽车电子、交通监控、电子测量、自动化控制、医疗电子设备、电力监控、信息安全产品、计算机应用产品以及终端设备等多个领域，这些应用展现了嵌入式系统产业的广泛性和深远影响力。

从软件体系结构看，嵌入式软件的架构与一般计算机软件体系结构相似，通常从底层到顶层依次划分为驱动层、操作系统层、中间件层和应用层。嵌入式软件主要分为三大类别：嵌入式操作系统、嵌入式数据库管理系统及嵌入式应用软件。其中，嵌入式应用软件是系统中的功能核心，直接响应并执行具体系统功能，它与特定的行业需求和硬件配置紧密相连。嵌入式操作系统则充当软件与硬件之间的桥梁，负责控制和管理硬件资源，以及调度应用软件的运行。根据实时性要求的不同，嵌入式操作系统可细分为分时、软实时和硬实时操作系统。目前，国际上广泛使用的嵌入式操作系统有VxWorks、Windows CE 和 QNX 等。嵌入式数据库，亦称为内嵌式数据库，通过与应用程序代码的整合，实现了数据库功能的内嵌，由应用程序直接进行数据访问和操作，如 SQLite、Berkeley DB 和 eXtremeDB 等是市场上的主流产品。对于某些功能较为简单的嵌入式系统，可能无须独立的操作系统和数据库支持，其全部功能可由嵌入式应用软件独立承担。

在我国，嵌入式应用软件企业数量众多，嵌入式操作系统领域也有所布局。嵌入式应用软件涵盖多个代表性领域，包括通信设备、国防安全、工业控制、医疗电子、消费电子和信息家电等。根据服务的客户类型，这些领域可进一步划分为网络基础设施、行业应用和个人消费者三大类。在网络基础设施领域，典型的通信设备包括交换机、路由器和基站等，国内在这一领域的领军企业有华为、中兴通讯和新华三等。在各大行业应用领域中，工业控制系统作为行业应用中的关键产品，涵盖了可编程逻辑控制器（PLC）、集散式控制系统（DCS）和数据采集与监控系统（SCADA），国内领先的企业包括和利时、中控技术等。此外，其他行业应用中，医疗电子领域拥有各种智能医疗设备，交通领域则有视频监控、调度管理、车载终端系统等产品。在个人消费者领域中，智能手机、智能手表、机顶盒和无人机等消费电子产品是典型代表，国内企业如华为、小米、OPPO、vivo 和大疆等在这一领域占据重要地位。信息家电产品，包括洗衣机、电视、冰箱、空调和微波炉等，国内企业如海尔、海信、美的和格力等同样表现突出。在嵌入式操作系统领域，国产产品与国际主流产品相比仍存在技术差距，市场占有率相对较低。尽管如此，一些企业如华为、翼辉、东土、普华、中电科 32 所和睿赛德等，正在这一领域努力追赶并取得进步。

二、发展特点

（一）产业分布特点

我国嵌入式软件产业具有明显的区域集聚特点。从地区看，东部地区是我国嵌入式软件产业的主要集中区域，2023 年 1—11 月嵌入式软件收入在全国的占比达 88.7%，同比增长 12.9%，超过全国平均增长率 0.3 个百分点；西部地区也有一定的嵌入式软件基础，2023 年 1—11 月嵌入式软件收入在全国的占比为 5.91%；中部地区嵌入式软件发展水平相对较低但近期增速明显，2023 年 1—11 月嵌入式软件收入同比增长 15.6%，超过全国平均增长率 3 个百分点；东北地区的嵌入式软件发展基数和速度都相对较低。从省（自治区、直辖市）看，山东、江苏、广东的嵌入式软件收入位于第一梯队，近年来年收入达千万元量级，其中山东 2023 年嵌入式软件收入突破 3000 万元；浙江、福建、北京、重庆等位于第二梯队，近年来年收入达百万元量级，其中浙江 2023 年嵌入式软件收入突破 400 万元。从城市看，深圳、青岛两市的嵌入式软件收入遥遥领先，均突破千万元大关。

嵌入式软件产业的区域集聚特点与消费电子、信息家电等产业链的区域分布具有很大关联，各地方政府也根据地方实际积极推动嵌入式软件发展。例如，深圳强大的电子信息产业链为嵌入式软件提供了良好的发展基础，基于信息通信、医疗设备、数字电视、数字装备、汽车电子、计算机及周边设备、商用和办公设备、安防系统、消费电子与信息家电等十大嵌入式软件产业链不断发展，2022 年发布的《深圳市推动软件产业高质量发展的若干措施》更提出"重点支持云计算、物联网、车载、移动终端、嵌入式等操作系统及配套工具集"。再如，青岛嵌入式软件发展基于其信息家电等产业，《2023 年青岛市软件和信息服务业"数智强链"专项行动计划》明确提出要"壮大嵌入式软件规模实力。面向智能家电、轨道交通、新能源汽车、高端装备等优势产业，大力推动嵌入式软件开发和应用，持续壮大产业规模"，并提出支持崂山区、西海岸新区、城阳区（含高新区）、胶州市等发展嵌入式软件。

（二）企业发展特点

我国嵌入式软件企业数量较多，发展态势向好。2023 年中国软件百强名单中，华为、海尔、中兴通讯、小米、国电南瑞、海信等嵌入式软件企业都位列前二十，其中华为 2023 年年销售收入 7041.74 亿元。

从企业类别看，嵌入式软件企业主要包括硬件设备厂商、纯嵌入式软件企业等。纯嵌入式软件企业研发的嵌入式软件以产品形式（如翼辉信息的 SylixOS、中电科 32 所的 ReWorks OS、睿赛德的 RT-Thread 等嵌入式操作系统）直接面向市场进行销售，企业规模普遍有限。硬件设备厂商研发的嵌入式软件通常与其硬件设备（如移动终端、智能家居、交通设备、工控设备等）紧密绑定不可分割，嵌入式软件为整机提供特定的功能或性能优化，此类定制化程度较高的嵌入式软件基本不在各硬件厂商之间流通，而是搭载在其硬件产品上一同进入市场。

第七章

云计算

当前，新一轮信息革命浪潮催生全球范围的产业变革，科技创新进入空前密集活跃时期。云计算作为新一轮科技革命和产业变革的创新驱动力量，日益融入经济社会发展各领域全过程，深刻改变着生产方式、生活方式和社会治理方式。党中央、国务院高度重视以云计算为代表的新一代信息产业发展，先后出台《关于加快培育和发展战略性新兴产业的决定》《关于促进云计算创新发展培育信息产业新业态的意见》等政策文件，力求打造先进的云计算发展环境，增强云计算服务能力，加快培育新业态、新模式。我国云计算经过十余年发展，已从概念步入创新活跃、广泛普及、应用繁荣的新阶段，成为提升我国数字化发展水平、打造数字经济新动能的重要支撑。

一、发展概况

（一）产业规模

随着数字化转型进程持续深入，云计算渗透率不断提升，市场规模持续扩张，我国云计算产业呈现快速发展态势，为数字经济发展提供了强有力的支撑。根据智研咨询统计，2023 年我国云计算市场规模约为 6584.8 亿元，同比增长 36.2%，增速远高于全球。在全球市场份额方面，国外研究机构协同研究集团（Synergy Research Group）数据显示，2023 年亚马逊以 31% 的市场份额排名第一，阿里云以 4% 的市场份额排名第四，腾讯云以 2% 的市场份额排名第六。在国内市场份额方面，根据互联网数据中心（Internet Data Center，IDC）数据，2023 年下半年我国 IaaS（基础设施即服务）市场中，阿里云、华为云、天翼云、腾讯云和移动云位列市场前五。阿里云 2023 年下半年市场份额环比下降 2.8%，同比下降 5.5%。运营商云异军突起，表现强势：天翼云环比上升 0.7%，同比上升 1.1%；移动云市场份额增长最为明显，2023 年下半年移动云 IaaS 市场份额环比上升 1.1%，同比上升 2.3%。

（二）产业结构

我国公有云市场增速放缓，迈入平稳发展期。IDC 的数据显示，2023 年我国公有云服务整体市场规模（IaaS、PaaS、SaaS）为 394.9 亿美元。其中，IaaS 上半年市场规模为 112.9 亿美元，同比增长 13.2%；下半年市场规模为 115.5 亿美元，同比增长 7.5%，环比增长 2.3%。PaaS（平台即服务）上半年市场规模为 32.9 亿美元，同比增长 26.3%；下半年市场规模为 36.5 亿美元，同比增长 16.4%，环比增长 10.1%。从 IaaS+PaaS 市场来看，上半年同比增长 15.9%，创下近三年来同比增速新低；下半年同比增长 9.5%。

二、发展特点

（一）产业特点

产业供给"百家争鸣"，产业链条不断完善。从产业供给看，据不完全统计，我国获得 IDC、CDN（内容分发网络）等相关云业务牌照的企业超过万家，其中具备实际市场能力的云服务商有百余家。阿里云、天翼云、移动云、华为云、联通云、腾讯云等头部云厂商市场份额占比较高。从产业链条看，随着云计算的深入发展，我国云计算产业链逐渐完善。上游主要是硬件、软件以及网络等基础设施提供商；中游是技术服务层，是整个云计算产业链的中心环节，分为 IaaS、PaaS 以及 SaaS（软件即服务）。下游即云计算的应用层，主要分为政府用户、企业用户以及个人用户。当前，云计算产业结构持续优化，云计算咨询、设计、部署、运营、维护等产业链不断完善，逐步向纵深方向拓展，构建了较为完整的产业链体系。

IaaS、PaaS、SaaS 市场逐步成型，云计算呈现格局倒挂。IaaS 作为云计算的基础层，提供虚拟化的计算资源、存储和网络服务。我国云计算产业主要聚焦于 IaaS，这一领域由阿里云、天翼云和移动云等主要厂商主导。它们凭借在各领域的行业影响力、前期积累的规模效应、一系列激励措施，吸引了各细分领域的优秀服务商参与，开发融合产品及联合解决方案，展现了市场对于基础云资源的旺盛需求。虽然 IaaS 市场增速预计将逐步稳定，但仍是云计算市场的重要支柱。PaaS 市场近年来受到云原生应用，如容器和微服务等技术的推动，呈现出强劲的增长势头。随着人工智能、大数据等技术的融合应用，PaaS 正成为企业创新和数字化转型的加速器，预计未来几年将成为增长的主战场。SaaS 市场作为云计算服务的高层次形式，为用户提供了即开即用的软件解决方案。目前国内 SaaS 服务推进较为缓慢，市场较为分散，通用型 SaaS 的各个环节（采购、HRM、协同办公等）以及垂直行业型 SaaS 的各个细分行业（电商、餐饮、教育等）均有各自的"头部"企业。整体来看，SaaS 市场处于"尾部"厂商挖掘细分市场需求、"腰部"厂商探索成长空间、"头部"厂商努力突破赛道天花板的阶段，但尚未出现类似美国市场市值超过千亿美元的龙头企业。

（二）技术特点

云原生成为驱动云计算应用增长的重要模式。云原生作为一种全新的软件开发、发布和运维模式，将应用程序的开发、交付和部署等流程完全置于云端，以其弹性扩展和响应、服务自治和故障自愈、跨平台及服务的规模复制等特性，实现了高效、可靠、弹性的运维管理，有效提升数字化应用开发部署效率，增强企业应用迭代速度和业务创新能力。目前越来越多的企业向云原生技术栈升级，推动云计算应用持续增长。一方面，互联网和软件信息服务行业作为云原生技术实践最成熟的行业，其云原生渗透率持续提升，如互联网行业云原生使用率已达 70%。另一方面，制造、医疗等传统行业的云原生用户占比呈现较强的增长态势。根据 Gartner 预测，到 2025 年，将会有超过 95%的数字化应用被部署在云原生平台上，云计算渗透率将进一步提升。

技术演进由"云网融合"向"算网一体"转变。云网融合通过网络和云资源的高效对接，实现用户上云、业务上云，推动一云多网、协同服务。在当前算力特别是智算资源需求快速攀升的驱动下，智算云以算网一体为支撑，在已有云网融合基础之上，根据"应用部署匹配计算，网络转发感知计算，芯片能力增强计算"要求，通过泛在连接、云网融合、资源编排、智能算法，动态、敏捷、安全地调度各种异构算力资源，聚合公有云、边缘云、行业云，乃至用户终端各种算力，实现网为基础、算网融合、一体供给、按需分配，服务算力时代各种新业态。

服务模式由 IaaS、PaaS、SaaS 向 MaaS（模型即服务）扩展。传统云计算服务包括 IaaS、PaaS、SaaS 三类，随着人工智能爆发式增长，用户对简化模型部署和使用流程的需求也在增加，将模型接口场景化，直接形成面向用户的产品和应用，Maas 应运而生。MaaS 平台集成了云厂商预训练的通用大模型、行业大模型以及开源大模型等，提供数据处理、模型开发和部署的解决方案，通过云服务的方式让用户经济、高效地实现大模型的应用。

云服务加速向智能算力服务演进升级。当前，人工智能在各行业应用场景持续渗透，推动智能算力需求快速扩张，已经突破"每隔 18 个月芯片性能提升 1 倍"的摩尔定律。算力规模爆发式增长态势及大规模量级并行计算对云计算面向大规模分布式应用协调、分发、部署等服务能力提出新要求，将拉动云服务加速向新一代算力服务演进。目前，国内外领先云计算企业正积极推动云服务与智能算力融合发展，推出基于云提供人工智能平台、模型、应用等端到端产品服务。例如，微软云提供机器学习、人脸识别、文本分析等服务，阿里云推出通义千问。

（三）应用特点

规模化行业应用不断深化。当前，在技术发展和国家政策推动下，云计算应用从互联网行业逐步向政务、金融、交通、能源等领域融合渗透，应用不断深化。截至 2023 年 8 月，全国累计上云企业超过 380 万家，中央企业上云覆盖率达到 86%。在政务领域，全国超过九成省级行政区和七成地市级行政区已建成或正在建设政务云平台。在金融领域，金融机构纷纷将面向互联网场景的系统加快迁移至云平台，降低信息化建设成本，提高业务创新效率。"央行云""建行云"等一批项目稳步推进，为金融行业打造可靠云基础设施环境。

制造业企业上云成为发力重点。企业上云作为推进新型工业化的重要抓手，是加快制造业高端化、智能化、绿色化发展的有效途径。从制造业场景应用看，制造业设备和业务系统上云，正通过构建以数据驱动的智能化制造、供应链和上下游业务的网络化协同，以及数字化管理等制造业发展新模式，推动制造业数字化转型。目前，电子、轨道交通等行业设备上云率接近 25%，均高于全国平均水平，制造企业上云用云逐步成为各省份适应新时代新型工业化要求的有力抓手。例如，浙江省出台《关于培育发展制造业"云上企业"促进数字化转型的实施意见》《浙江省制造业"云上企业"分级评价标准》，从制造业企业基础设施、云上业务、云上管理、云上数字化协同、上云投入、

标杆示范等维度，对制造业企业开展用云评价，制造业企业上云用云培育成效明显。2021 年至 2023 年全省评定省级制造业"云上企业"300 家，其中宁波、嘉兴、杭州入选数量列全省前三位，分别为 79 家、47 家和 33 家。累计入库市级制造业"云上企业"（培育库）1051 家，区县级制造业"云上企业"（培育库）2131 家，制造业企业深度上云后，有效降低了 IT 管理成本，通过云端协同业务的开展，显著提升研发设计效率、生产组织效率和管理运营效率。

第八章

大数据

一、发展概况

（一）大数据产业规模保持增长

一方面，我国大数据业务收入继续保持快速增长，2023 年我国云服务、大数据服务共实现收入 12470 亿元，同比增长 15.4%。另一方面，大数据产业块状经济正在形成，已建成的 111 家国家级产业集群（含先进制造业集群、战略性新兴产业集群）中，数字产业集群占比近一半（55 家），覆盖数字经济核心产业各领域，初步形成具有国际竞争力的数字产业高地、数字产业集聚区和数字产业集群。例如，长三角地区打造以杭州、苏州、南京、上海为主体的软件产业集群；粤港澳大湾区打造以广州、佛山、深圳、东莞为主体的电子信息产业集群；山东半岛打造以青岛为主体的智能家电集群；长江中游地区打造以武汉、长沙等中心城市为主体的新一代信息技术产业集群。

（二）多层次数据要素市场建设实现突破

近年来，各省（自治区、直辖市）探索落实数据基础制度，加快数据服务生态建设，推动数据开放共享和应用场景创新，不断释放数据要素价值。在基础制度方面，数据基础制度"地方方案"加快出台。20 多个省市发布数据条例，在数据确权、流通、使用、治理等方面探索适用于本地的制度措施。25 余份行业数据流通规则的发布，推动了大数据在交通、医疗、金融、农业、工业等领域的流通应用与制度探索。广东、天津、江苏等省市探索建立"首席数据官"机制。在数据产量方面，2022 年，我国数据产量达 8.1ZB，同比增长 22.7%，占全球数据总量的 10.5%；我国数据存储容量规模超过 1000EB；其中数据存储量达 724.5EB，占全球数据总存储量的 14.4%。在数据开放方面，公共数据开放流通应用进程加快，地方政府数据开放平台数量和开放的有效数据集持续增长。截至 2023 年 8 月，我国已有 226 个省级和城市地方政府上线政府数据开放平台，全国地级及以上公共数据开放平台数量持续增长。在数据流通方面，数据流通服务生态正在形成，多地加大"数商"生态培育力度，以专业化服务促进数据高水平流通利用。例如，上海举办了"2023 首届全国数商大赛"，签约数商 800 家；杭州开展了基石数商、星火数商分类标准研制和培育发展；北京申报了首批 5 个数据出境评估项目。在数据应用方面，数据场景创新不断突破。例如，厦门开放了 45 个部门 5 亿多条数据，支撑了普惠金融、信易贷等 52 个应用场景以及中国人工智能大赛等赛事活动；北京国际大数据交易所上线了工业数据交易专区；上海建设了国际数据港，开展全球供应链数据流通与信息共享、文化与数字内容出海、跨境电商直播等场景创新试点。

（三）大数据独角兽企业塑造产业发展新优势

各地积极抢抓新兴数字产业发展机遇，以大数据独角兽、潜在独角兽为代表的企业持续涌现，助力塑造数字经济发展的新动能和新优势。2023 中国国际大数据产业博览会发布的榜单显示，我国大数据（潜在）独角兽企业共有 259 家，布局在底座层、治理层、应用层 3 个层次，分布于 25 个城市，呈现融资活跃度高、持续融资能力强、科技创新能力强等特点，芯片、工业大数据、交通大数据等领域成为融资热点赛道。"北上杭深"四城市的大数据独角兽企业数占全国总数的 71.8%，成为高科技企业集聚"磁力中心"。北京拥有 31 家大数据独角兽企业和 38 家大数据潜在独角兽企业，涉及物流、零售、金融、自动驾驶芯片等典型领域。上海拥有 21 家大数据独角兽企业和 27 家大数据潜在独角兽企业，涉及智能音箱、人工智能等典型领域。广东拥有 19 家大数据独角兽企业和 22 家大数据潜在独角兽企业，涉及智能制造、云计算、人工智能、智能网联汽车、机器人、半导体等典型领域。

（四）数字基础设施建设加快布局

截至 2023 年底，我国 5G 基站总数达 337.7 万个，5G 移动电话用户达 8.05 亿户，5G 行业应用已融入 71 个国民经济大类，应用案例超过 9.4 万个，5G 行业虚拟专网超过 2.9 万个。2023 年度，全国新增 97 个城市达到千兆城市建设标准，具备千兆网络服务能力的 10G 无源光网络（passive optical network，PON）端口数达 2302 万个，增幅达 51.2%，形成覆盖超 5 亿户家庭的能力。移动网络终端连接总数达 40.59 亿户，其中蜂窝物联网终端用户数达 23.32 亿户。工业互联网已全面融入 49 个国民经济大类，跨行业跨领域工业互联网平台达 50 家，工业设备连接数超过 9600 万台（套）。截至 2023 年 8 月，全国在用数据中心机架总规模超过 760 万标准机架，算力总规模达到每秒 1.97 万亿亿次浮点运算，位居全球第 2 位；围绕算力枢纽节点建设 130 条干线光缆，数据传输性能大幅改善。

（五）大数据技术产品创新多点突破

近年来，各省（自治区、直辖市）加速大数据领域数字创新布局，推进开源开放创新生态建设，推动大数据研发投入持续增长，重点产品和服务体系建设步伐加快，企业技术创新多点突破。在创新投入方面，2023 年全国全社会研究与开发（research and development，R&D）经费投入达到 3.3 万亿元，基础研究经费达到 2212 亿元，比上年增长 9.3%。在创新产出方面，32 家中国企业和机构进入前 100 大专利持有者榜单，其中，中国科学院、华为分列第 4 位和第 12 位。开放原子开源基金会发布新的代码托管平台 AtomGit。在技术产品方面，重点企业相继发布 30 余款人工智能大模型，政务、金融、科学研究、城市治理等领域大模型应用项目大量涌现，并涌现出大数据驱动的安全生产风险监测预警关键技术、梧桐大数据分布式协同计算平台、一体化大数据平台、零碳数据中心等典型技术产品。

二、发展特点

（一）我国大数据区域发展水平整体呈梯级分布

2023 年，赛迪研究院信息化与软件产业研究所聚焦基础环境、产业发展、融合应用 3 个关键维度，选取各维度相关典型指标，以我国 31 个省（自治区、直辖市）为研究对象，对各地大数据政策体系、产业发展、应用生态等的发展情况进行横向综合评估和深入对比分析，总结各地在推动大数据和数字经济高质量发展方面的成效亮点、特色模式和经验做法。评估显示，全国大数据区域发展水平整体呈现阶梯特征，大致可以分为 3 个梯队。第一梯队地区包括广东、北京、江苏、浙江、上海、山东等 11 个省（自治区、直辖市），在基础环境、产业发展、融合应用方面全面发力，形成大数据发展整体优势，综合实力位于全国前列，发展水平总指数得分均高于 28。第二梯队地区包括河北、河南、湖南等 10 个省（自治区、直辖市），通过加强发展环境建设和数字化转型应用牵引，打造特色化产业发展模式，发展水平总指数得分介于 16 至 27 之间，各地区大数据发展水平差距相对较小，多个相邻排列的省份总指数差距小于 0.3，竞争较为激烈。第三梯队地区包括吉林、内蒙古等 10 个省（自治区、直辖市），基于大数据行业应用牵引产业发展，立足本地区资源禀赋探索差异化发展路径，发展水平总指数得分均小于 16，需积极借鉴领先省市的发展经验，加快追赶步伐。2023 年我国 31 个省（自治区、直辖市）的大数据发展水平总指数得分如图 8-1 所示。

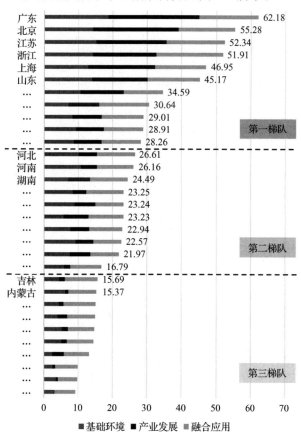

图 8-1　2023 年我国 31 个省（自治区、直辖市）的大数据发展水平总指数得分
数据来源：赛迪智库《中国大数据区域发展水平评估报告（2023 年）》

（二）东部地区综合实力领先全国

从大数据发展水平指数地图来看，中国大数据发展延续了近年来由东部地区向中西部省市辐射带动的基本特征。东部地区包括广东、北京、江苏、浙江、上海、山东、福建等省（自治区、直辖市），大数据发展综合实力领跑全国。以广东为例，广东成为东部地区及全国大数据发展的"领头羊"，在大数据基础环境、产业发展和融合应用方面均排名全国前列。作为全国大数据发展标杆，广东陆续出台《广东省数字经济促进条例》《广东省数据要素市场化配置改革行动方案》《广东省人民政府关于加快数字化发展的意见》等法规政策。2022 年广东数字经济规模为 6.41 万亿元，同比增长 8.6%；已投产数据中心机柜超过 30 万架；电子信息制造业销售产值达到 4.4 万亿元；软件业务收入突破 1.7 万亿元，同比增长 11.1%。

（三）重大战略区域集聚引领效应显著

从大数据发展水平指数地图来看，珠三角、长三角、京津冀、成渝 4 个地区的引领态势明显，长江经济带呈现南北扩展、连线带面发展态势，体现出我国大数据发展的协同集聚特征。其中，京津冀地区以北京为主导，河北、天津大数据发展水平均处在全国第二梯队，北京的企业资源和创新资源优势突出，正发挥溢出带动效应，提升京津冀地区大数据发展整体水平。长三角地区大数据发展较为均衡，通过推动产业要素资源的跨域高效流通、深化大数据融合应用带动大数据产业进一步发展；形成了江苏、浙江、上海、安徽各省市齐头并进的发展格局，4 个省市大数据发展总指数均在全国第一梯队，整体发展水平高于其他地区，其中江苏、浙江、上海 3 个省市分别以 52.34、51.91、46.95 的总指数得分位列全国第 3 位、第 4 位、第 5 位。长江经济带横跨我国东中西三大板块，整体来看，长江经济带不同板块产业链、创新链、政策链、行业应用价值链正加速内部循环优化，通过整合资源、抱团发展，实现大数据发展新突破。其中东部板块与长三角地区重合度较高，是其重要的增长极之一；中部板块包括安徽、湖北、湖南、江西 4 个省份，各省份产业发展结构相近、差距较小，极具增长潜力；西部板块包括四川、重庆、贵州、云南 4 个省市，大数据发展各具特色，其中川渝地区引领作用显著，作为国家深入推进西部大开发战略的重要板块，在建设国家算力枢纽节点、打造成渝经济圈等政策促进下大数据产业快速发展，成为长江经济带大数据发展的新增长极。此外，位于广东中南部的珠三角地区，以及山东半岛城市群区域，均形成了特色明显的大数据集聚发展优势。2023 年我国区域大数据发展水平二级指标得分如图 8-2 所示。

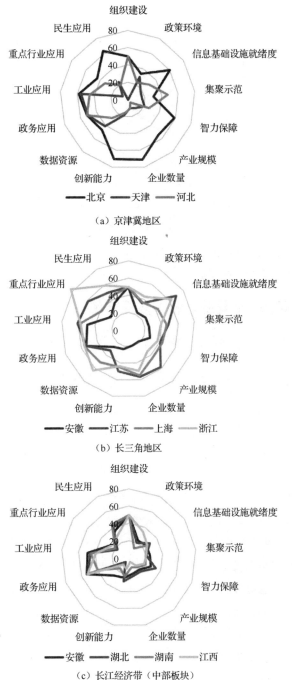

图 8-2 2023 年我国区域大数据发展水平二级指标得分

数据来源：赛迪智库《中国大数据区域发展水平评估报告（2023 年）》

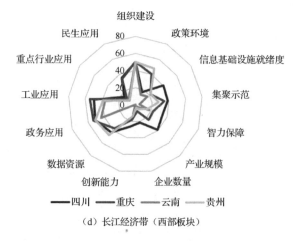

（d）长江经济带（西部板块）

图 8-2　2023 年我国区域大数据发展水平二级指标得分（续）
数据来源：赛迪智库《中国大数据区域发展水平评估报告（2023 年）》

（四）头部均衡发展，分省各具特色

2023 年我国 31 个省（自治区、直辖市）的大数据发展水平总指数和二级指标色阶图如图 8-3 所示。由大数据发展水平色阶图可以看出，广东、北京、江苏、浙江等大数据发展头部省市在基础环境、产业发展和融合应用 3 个一级指标得分中同样处于全国前列，大数据发展各方面优势突出，通过筑基强产和应用牵引，形成大数据协同发展合力。浙江大数据融合应用指数位列全国第 1 位，近年来，浙江大力推动数字化改革，全域推广"产业大脑+未来工厂"融合发展新范式，45 个工业领域行业产业大脑累计服务企业 12 万家，杭州亚运会向世界人民展示了"数字人火炬""数字烟花""赛事元宇宙"等数字化、智能化应用场景。福建在大数据融合应用方面得分比较突出，发布《福建省工业数字化转型三年行动计划（2023—2025 年）》，全省两化融合达标企业数居全国第 2 位，关键业务环节全面数字化规上企业比例居全国第 3 位，企业经营管理数字化普及率居全国第 4 位。四川聚焦大数据产业发展，全省规上大数据企业近 700 家，已建成 25 个大数据产业园区，会同华为公司成立"先进存储实验室"，全力打造中国"存储谷"产业基地；2022 年全省大数据产业规模约 1400 亿元，同比增长约 17%。湖南在大数据产业方面重点发力，全省布局建设 12 个省级大数据产业园，截至 2023 年 3 月，全省建成和在建规模以上数据中心 51 个，已建成标准机架 11.6 万架，较上年同比增长 8%。在大数据发展水平总指数排名中位列全国第 13 位和第 19

位的河南、广西则以完善基础环境为立足点，完善政策体系，健全组织机构，筑牢基础设施，以发展环境驱动大数据整体进步，带动地区大数据产业发展。例如，广西近年来密集出台多项产业发展及数据开放政策，成立由"一把手"领导负责的数字广西建设领导小组，加强对数字广西建设各项工作的统筹指导；累计建成开通 5G 基站 8.3 万个，适度超前部署 10G PON 端口 66.4 万个，具备服务 1600 多万户千兆家庭的能力，在全国率先建成覆盖所有行政村的"双千兆"网络。

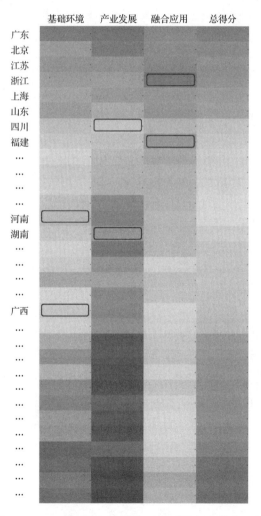

图 8-3　2023 年我国 31 个省（自治区、直辖市）的大数据发展水平总指数和二级指标色阶图

数据来源：赛迪智库《中国大数据区域发展水平评估报告（2023 年）》

第九章

人工智能

　　人工智能，也被称为机器智能，是以模拟实现、延伸增强、扩展甚至超越生物智能为目标的一系列智能的理论、方法、技术及应用的总称。从产业的视角来看，狭义的人工智能是指基于人工智能算法和技术进行研发和拓展应用，主要提供人工智能核心产品、服务以及行业解决方案；广义的人工智能则包括计算、数据资源、人工智能算法和计算研究、应用服务等。本章重点聚焦于狭义人工智能产业的发展。

一、发展概况

　　2023 年可以称为"生成式人工智能元年"。这一年 ChatGPT 的涟漪效应继续扩散，全球生成式 AI 进入百家争鸣、百花齐放阶段，技术和应用均取得了巨大进步。全球科技巨头纷纷推出自家的大模型，OpenAI 发布了 GPT-4 及 GPT-4o，谷歌发布了 Gemini，Anthropic 发布了 Claude3，马斯克旗下的人工智能公司 xAI 推出了 Grok。我国科技企业也纷纷参战，掀起"百模大战"，百度公司推出了文心一言大模型，阿里巴巴推出了通义千问大模型，华为推出了盘古大模型，腾讯推出了混元大模型，科大讯飞推出了讯飞星火认知大模型等。同时，随着技术进步，生成式 AI 从单模态发展到多模态，应用也逐步向金融、电信、医疗、零售、制造业等领域渗透，对千行百业的赋能作用日益凸显。

（一）产业规模

　　2023 年，随着生成式人工智能技术创新和应用突破，人工智能产业实现了跨越式的发展。在产业规模方面，据工业和信息化部数据，截至 2024 年 3

月，我国人工智能核心产业规模已达 5000 亿元。在大模型数量方面，国家网信办数据显示，截至 2024 年 3 月，共计 117 个大模型通过备案。在企业数量方面，工业和信息化部数据显示，截至 2024 年 3 月，我国人工智能核心企业数量超过 4400 家。天眼查专业版数据显示，我国人工智能相关企业总计达到 344.4 万家，2023 年新增注册相关企业 98.2 万家，同比增长 24.1%。在企业融资方面，根据市场研究机构 CB Insights 的数据，2023 年全球对人工智能公司的投资总额达到 425 亿美元，其中对新一代人工智能公司的投资占了近一半。据 IT 桔子数据统计，截至 2023 年 12 月 19 日，我国人工智能产业投融资金额为 2631 亿元，投融资数量为 815 起。IDC 预计到 2027 年，全球在人工智能领域的总投资规模将达到 4236 亿美元，2022—2027 年间的复合年增长率（CAGR）为 26.9%。预计到 2027 年，中国在 AI 领域的投资规模将达到 381 亿美元，占据全球总投资规模的近 9%。在创新专利方面，根据工业和信息化部电子知识产权中心等发布的《新一代人工智能专利技术分析报告》，截至 2023 年底，我国 AI 相关的公开专利达到 6.2 万件，其中有效专利近 2 万件，2017 年以来，专利申请年均增长率超过 43%，自然语言处理和计算机视觉领域发展最为迅速。

（二）技术创新

2023 年是生成式人工智能技术爆发式发展的一年，全球及我国在该领域取得了多项突破性技术进步。从全球看，自 2023 年至 2024 年 5 月，OpenAI 推出多模态大模型 GPT-4、GPT-4o，与 GPT-3 相比，其在更复杂的文本和图像理解和生成、语音交互等方面性能显著提升；英伟达发布了使用 HBM3e 内存的 AI 芯片 H200 和新一代 Blackwell GPU 架构，芯片计算能力和计算速度大幅提升；谷歌发布了 Gemini 1.0、Gemini 1.5，并推出轻量级开源模型 Gemma。从国内看，自 2023 年至 2024 年 5 月，百度发布了文心一言，并在医疗领域发布了"灵医大模型"，数据显示，截至 2023 年底，文心一言用户规模已突破 1 亿人次；阿里云发布了大语言模型通义千问 1.0、2.0、2.5，并开源 140 亿参数 Qwen-14B 模型和其对话模型 Qwen-14B-Chat；华为在开发者大会上发布了盘古大模型 3.0，并宣布新一代智能操作系统 HarmonyOS 4 已接入盘古大模型。智谱 AI 发布了千亿参数的基座模型 ChatGLM、ChatGLM2、ChatGLM3 以及单卡开源模型 ChatGLM-6B，其中 ChatGLM2 模型登顶 C-Eval 榜单，ChatGLM3 模型的参数范围从 6B、12B、32B、66B

到 130B 不等。科大讯飞发布了星火认知大模型，该模型能够实现 AI 批改作业、AI 口语对话等功能，将大模型应用在教育领域。此外，上海稀宇科技（MiniMax）的自研通用大模型 ABAB 获批上线，月之暗面在"长文本"领域实现了突破，推出支持输入 200 万汉字的智能助手产品 Kimi Chat。

（三）区域分布

中国新一代人工智能发展战略研究所发布的《中国新一代人工智能科技产业区域竞争力评价指数（2024）》显示，2023 年四大经济圈人工智能科技产业区域竞争力总体评价指数由高到低依次是长三角地区、京津冀地区、珠三角地区和川渝地区。长三角地区拥有众多经济发达的地级市，依托科研优势和技术优势加快建设人工智能产业园区，促进人工智能产业发展，政府响应能力、学术生态和链接能力较强；京津冀地区在资本环境和国际开放度方面更具优势；珠三角地区在企业能力方面位列首位，在企业能力上进步显著，但学术生态相对较弱。分省市看，排名前 10 位的省市分别是北京、广东、上海、浙江、江苏、山东、四川、辽宁、安徽、湖南。

（四）产业结构

经过多年发展，我国人工智能行业已经形成较为清晰和完整的产业结构，自下而上可以分为基础层、技术层和应用层 3 个层次。

基础层，以 AI 芯片、服务器等数据处理硬件以及用于数据库采集的传感器等硬件为主，为人工智能应用提供数据和算力，代表企业如研究通用型算力 GPU 的海光信息景嘉微、燧原科技等；研究半定制芯片现场可编程门阵列（field programmable gate array，FPGA）的百度昆仑芯、深鉴科技等；研究全定制型 AI 芯片专用集成电路（application specific integrated circuit，ASIC）的华为、阿里巴巴、寒武纪、地平线等。2023 年全球 AI 芯片收入达到 530 亿美元，Gartner 预计，到 2027 年预计比 2023 年增长一倍以上，达到 1194 亿美元。我国 AI 芯片市场规模预计超过千亿元。

技术层，以为人工智能应用提供高效灵活的算法、框架和平台的软件为主，在通用算法层面百度、阿里巴巴、腾讯、华为等纷纷加大布局力度，在计算机视觉、智能语音、机器学习、自然语言处理等细分领域诞生了科大讯飞、云从科技、商汤科技、旷视科技等代表企业。2023 年，多家企业和机构纷纷推出了 AI 大模型，如百度的文心一言、阿里巴巴的通义千问、华为的盘古大模型、智谱的 ChatGLM3、月之暗面的 Kimi Chat 等，我国在 AI 大模型领域取得显著发展。

应用层，聚焦于面向各类应用场景开发智能服务产品和解决方案。应用层的产品涉及面最广，消费终端领域以及行业应用方面均涌现出一批优秀企业和代表性产品。例如，阿里达摩院医疗 AI 实验室联合多家医院找到了一种胰腺癌早筛的方法，建立了大模型 PANDA。百度 Apollo 汽车基于文心大模型研发出新一代 AI 智舱，能够在出行场景中实现对话交互、策略规划等功能。创新奇智推出"奇智孔明"，能有效解决工业领域智能产线设计等问题，大幅提升工业生产制造环节的生产效率。

二、发展特点

（一）政策特点

2023 年，国家高度重视人工智能发展。一方面，党中央作出系列重大部署。2023 年 3 月，在政府工作报告中首次提出"人工智能+"行动，提出要深化大数据、人工智能等研发应用，开展"人工智能+"行动；4 月，在中共中央政治局会议中提出，要重视通用人工智能发展，营造创新生态，重视防范风险；5 月，在中共中央政治局会议中提出，要把握人工智能等新科技革命浪潮，适应人与自然和谐共生的要求，保持并增强产业体系完备和配套能力强的优势，高效集聚全球创新要素，推进产业智能化、绿色化、融合化，建设具有完整性、先进性、安全性的现代化产业体系；12 月，在中央经济工作会议中提出，要大力推进新型工业化，发展数字经济，加快推动人工智能发展。另一方面，各部委出台系列政策，大力支持人工智能规范发展。例如，在中共中央、国务院出台的《质量强国建设纲要》中提出，加快大数据、网络、人工智能等新技术的深度应用，促进现代服务业与先进制造业、现代农业融合发展；国家互联网信息办公室、国家发改委等出台的《生成式人工智能服务管理暂行办法》对生成式人工智能服务规范等作出规定。此外，地方层面，北京、上海、浙江、广东、四川、安徽、福建等多个省市也纷纷出台系列支持人工智能发展的政策措施。

2023—2024 年国家层面发布的人工智能相关政策如表 9-1 所示。

表 9-1　2023—2024 年国家层面发布的人工智能相关政策

发布时间	发布单位	政策名称	主要内容
2024 年 1 月	工业和信息化部	《国家人工智能产业综合标准化体系建设指南》（征求意见稿）	到 2026 年，共性关键技术和应用开发类计划项目形成标准成果的比例达到 60%以上，标准与产业科技创新的联动水平持续提升。新制定国家标准和行业标准 50 项以上，推动人工智能产业高质量发展的标准体系加快形成。开展标准宣贯和实施推广的企业超过 1000 家，标准服务企业创新发展的成效更加凸显。参与制定国际标准 20 项以上，促进人工智能产业全球化发展
2023 年 7 月	国家互联网信息办公室、国家发展改革委等	《生成式人工智能服务管理暂行办法》	规定了生成式人工智能服务规范，明确生成式人工智能服务提供者应当采取有效措施防范未成年人用户过度依赖或者沉迷生成式人工智能服务。此外，还规定了安全评估、算法备案、投诉举报等制度，明确了法律责任
2023 年 4 月	工业和信息化部、国家互联网信息办公室、国家发展改革委、教育部等	《关于推进 IPv6 技术演进和应用创新发展的实施意见》	推动 IPv6 与 5G、人工智能、云计算等技术的融合创新，支持企业加快应用感知网络、新型 IPv6 测量等"IPv6+"创新技术在各类网络环境和业务场景中的应用
2023 年 2 月	中共中央、国务院	《质量强国建设纲要》	加快大数据、网络、人工智能等新技术的深度应用，促进现代服务业与先进制造业、现代农业融合发展

数据来源：赛迪智库整理，2024 年 5 月。

　　在地方层面，各省市也陆续发布了许多人工智能相关政策。2023—2024 年部分省市发布的人工智能相关政策如表 9-2 所示。

表 9-2　2023—2024 年部分省市发布的人工智能相关政策

发布时间	发布省市	发布单位	政策名称	主要内容
2023 年 5 月	北京市	北京市人民政府	《北京市加快建设具有全球影响力的人工智能创新策源地实施方案（2023—2025 年）》	从鼓励与引导行业发展角度，围绕创新发展共性需求，进一步统筹资源，全面推动人工智能自主技术体系建设及产业生态发展，到 2025 年基本建成具有全球影响力的人工智能创新策源地

续表

发 布 时 间	发布省市	发布单位	政 策 名 称	主 要 内 容
2023 年 5 月	北京市	北京市人民政府办公厅	《北京市促进通用人工智能创新发展的若干措施》	构建大模型基础软硬件体系：支持研发大模型分布式训练系统实现训练任务高效自动并行。研发适用于模型训练场景的新一代人工智能编译器，实现算子自动生成和自动优化。推动人工智能训练推理芯片与框架模型的广泛适配，研发人工智能芯片评测系统，实现基础软硬件自动化评测
2023 年 11 月	上海市	上海市经济和信息化委员会、上海市发展和改革委员会等	《上海市推动人工智能大模型创新发展若干措施（2023—2025年）》	上海破解大模型发展瓶颈的 3 项计划分别为：一是大模型创新扶持计划，重点支持上海市创新主体研发具有国际竞争力的大模型，实施专项奖励，加速模型迭代；二是智能算力加速计划，强化大模型智能算力建设力度，建立绿色通道；三是示范应用推进计划，加强大模型在智能制造、教育教学、科技金融、设计创意、科学智能等垂直领域的深度应用和标杆场景打造
2023 年 5 月	上海市	上海市发展和改革委员会	《上海市加大力度支持民间投资发展若干政策措施》	充分发挥人工智能创新发展专项等引导作用，支持民营企业广泛参与数据、算力等人工智能基础设施建设。具体措施可分为三方面：①为民营企业租用算力提供便利。统筹全市政府投资的高性能计算资源，为民营企业提供中立普惠、持续迭代、安全可靠的公共算力资源。②鼓励民营企业投资数据、算力等人工智能新基建。延长新型基础设施项目贴息政策执行期限至 2027 年底，提供最高 1.5 个百分点的利息补贴。③为民间投资的数据储存和算力资源寻找市场

续表

发布时间	发布省市	发布单位	政策名称	主要内容
2023 年 12 月	浙江省	浙江省人民政府办公厅	《浙江省人民政府办公厅关于加快人工智能产业发展的指导意见》	加快人工智能产业发展，浙江目标很明确——到 2027 年，人工智能核心技术取得重大突破，培育千亿级人工智能融合产业集群 10 个、省级创新应用先导区 15 个、特色产业园区 100 个，人工智能企业数量超 3000 家，总营业收入突破 10000 亿元
2023 年 2 月	浙江省	浙江省发展和改革委员会等	《浙江省元宇宙产业发展行动计划（2023—2025 年）》	在 AR/VR/MR、区块链、人工智能等元宇宙相关领域建设一批重点实验室、工程研究中心等，引育 10 家以上行业头部企业，打造 50 家以上细分领域"专精特新"企业，形成一批重大科技成果和标志产品
2023 年 7 月	浙江省	杭州市人民政府办公厅	《关于加快推进人工智能产业创新发展的实施意见》	到 2025 年，基本形成"高算力+强算法+大数据"的产业生态，将杭州市打造成为全国算力成本洼地、模型输出源地、数据共享高地，人工智能创新应用水平全国领先、国际先进。人工智能渗透度显著提高，培育人工智能高能级示范园区 5 个、人工智能赋能标杆企业 20 家、典型应用场景 30 个
2023 年 11 月	广东省	广东省人民政府	《关于加快建设通用人工智能产业创新引领地的实施意见》	到 2025 年，广东有望实现智能算力规模全国第一、全球领先，全省人工智能核心产业规模突破 3000 亿元，企业数量超 2000 家，力争打造成为国家通用人工智能产业创新引领地，构建全国智能算力枢纽中心、粤港澳大湾区数据特区、场景应用全国示范高地，形成"算力互联、算法开源、数据融合、应用涌现"的良好发展格局

续表

发 布 时 间	发布省市	发布单位	政策名称	主 要 内 容
2023 年 5 月	广东省	中共深圳市委办公厅、深圳市人民政府办公厅	《深圳市加快推动人工智能高质量发展高水平应用行动方案（2023—2024 年）》	在强化智能算力集群供给、增强关键核心技术与产品创新能力、提升产业集聚水平、打造全域全时场景应用、强化数据和人才要素供给、保障措施六大方面提出了建设方案
2024 年 1 月	四川省	成都市经济和信息化局等	《成都市进一步促进人工智能产业高质量发展的若干政策措施》	以算法为重点，围绕促进人工智能算法发展、推动人工智能能级提升、构建人工智能产业生态三大方面，提出 10 项具体支持政策。一是促进人工智能算法发展方面，主要是围绕算法工具源头创新、算法创新转化、算法首试首用和创新应用平台建设等 4 个方面，打造从理论算法研发到行业转化应用的活跃创新生态，明确支持标准和措施。二是推动人工智能能级提升方面，主要是支持企业发展壮大、支持企业上市融资、支持企业集聚发展，明确了企业做大做精、企业上市、示范园区建设的支持标准和措施。三是构建人工智能产业生态方面，主要是支持高端要素聚集、支持重大展会落地、支持开展标准研制，明确了高质量人工智能数据集建设、人工智能领军人才、人工智能领域会议会展、人工智能标准研制的支持标准和措施
2023 年 10 月	安徽省	安徽省人民政府	《打造通用人工智能产业创新和应用高地若干政策》	对在皖落户的通用及行业大模型企业、跨领域应用企业、新兴算力企业、安全人工智能企业等，优先匹配算力、数据、场景、基金、场地等要素资源。对引进符合条件的人工智能关键技术项目，省级按照市级实际补助金额的 30%、最高 1000 万元给予项目所在市奖补，用于智能算力建设和招引重点企业

续表

发布时间	发布省市	发布单位	政策名称	主 要 内 容
2023 年 10 月	安徽省	安徽省人民政府	《安徽省通用人工智能创新发展三年行动计划（2023—2025 年）》	力争到 2025 年，充裕智能算力建成、高质量数据应开尽开、通用大模型和行业大模型全国领先、场景应用走在国内前列、大批通用人工智能企业在皖集聚、一流产业生态形成，推动安徽省率先进入通用人工智能时代
2023 年 9 月	福建省	福建省人民政府办公厅	《福建省促进人工智能产业发展十条措施》	每年度组织人工智能园区评估，省工信厅、省发改委（数字办）、省科技厅有关专项资金对评估优秀的园区予以倾斜支持。对获评国家人工智能创新应用先导区或国家新一代人工智能创新发展试验区的地区给予 1000 万元奖励
2024 年 3 月	福建省	福州市人民政府办公厅	《福州市促进人工智能产业创新发展行动方案（2024—2026 年）》	到 2026 年，人工智能技术在福州市经济社会各领域得到深度融合应用，人工智能产业创新发展水平进入国内领先行列，人工智能带动福州市产业升级和经济转型的效果作用更为凸显。依托省级人工智能产业园打造人工智能产业高地，承载区产业园人工智能产业规模达 100 亿元以上，先行区产业园相关企业超 50 家，新引进或培育 3 至 5 家具有带动效应的领军企业或领先团队，人工智能产业规模达 400 亿元以上

数据来源：赛迪智库整理，2024 年 5 月。

（二）投融资特点

火石创造数据显示，2023 年全国人工智能板块共发生了 680 起融资事件，累计披露的融资金额为 922.24 亿元，呈现单笔融资金额高、区域集中度高等特点。从单笔融资看，2023 年单笔融资金额超过亿元的案例达到 202 起，合计融资总金额高达 874.36 亿元。从区域分布看，融资金额和融资项目数量的区域集中度均较高。例如，2023 年融资项目数量较多的省市主要集中在北京和广东，分别有 152 个和 127 个项目获投；从融资金额看，上海和北京最为突出，融资金额分别为 469.88 亿元和 199.32 亿元。从融资业务分类来看，汽车、芯片、AI 大模型、智能机器人等产业是融资热门。

（三）应用特点

2023 年，我国生成式人工智能在技术方面取得突破性进展的同时，在应用方面也取得了较大成效。国际数据公司（IDC）与浪潮信息联合发布的《2023—2024 年中国人工智能计算力发展评估报告》显示，人工智能正在从单点应用到多元化应用、从通用场景到行业特定场景不断深入发展，在 2023 年人工智能行业渗透度排名前五的行业依次为互联网、电信、政府、金融和制造，交通、服务、教育等行业在人工智能领域的投资力度也有所增加。例如，华为推出了盘古金融大模型，提升了金融领域在精准获客、风险评估和客群分析等方面的能力；昆仑万维推出了天工 SkyMusic 音乐大模型，大幅降低了音乐创作的门槛；蚂蚁集团推出了代码大模型 CodeFuse，大幅提升了研发效率；金山办公推出了 WPS AI，提供了一体化智能办公平台。

第十章

开源软件

2023 年，随着人工智能大模型的兴起，特别是 Meta 公司推出开源人工智能大模型 LLaMA 以来，各类开源 AI 大模型层出不穷，"开源"再次成为圈内圈外的关注焦点，持续引发人们的讨论。政府、企业及个人拥抱并深刻融入开源发展的共识已经形成，我国主导的开源项目发展持续加快，显著提升了我国在国际开源舞台上的影响力。国内开源基金会建设持续加快，国产开源项目社区不断壮大，面向开源的高等教育方兴未艾，各类开源活动精彩纷呈，地方性开源服务体系逐渐建立，我国开源软件继续呈现快速发展态势。

一、发展概况

（一）全面拥抱并深刻融入开源发展已经成为普遍共识

"开源"一词已普遍出现在各级政府政策文件当中。一方面，部委层面在新技术、标准方面不断提及开源。2023 年 8 月，工业和信息化部联合科技部、国家能源局、国家标准委印发《新产业标准化领航工程实施方案（2023—2035 年）》，明确提出"研制开源术语、许可证、互联互通、项目成熟度、社区运营治理，以及开源软件供应链管理等标准"。2023 年 10 月，工业和信息化部印发了《人形机器人创新发展指导意见》，明确提出要"建设人形机器人开源社区，推进开源基金会能力建设，加强对重点企业开源项目的支持力度，汇聚全球开发者协同创新"。另一方面，各地政府纷纷在开源发展上予以大力谋划。2023 年 10 月，南京市工业和信息化局印发《加快开源软件发展三年行动计划（2023—2025 年）》，提出要"加快推动开源软件赋能千行百业，打造开源发展先锋城市"。2023 年 3 月，深圳市围绕开源鸿蒙项目专门印发了《深圳市支持开源鸿蒙原生应用发展 2024 年行动计划》支持文件，提出要"将深圳打造成原生应用软件类型广泛、各类场景替代使用彻底、开发人才和企业集聚、产业空间和资金供给充足、生态组织支撑有力的鸿蒙原生应用软件生态策源地、集聚区"。2024 年 4 月，北京提出要"参与全球开源治理，加强与国际开源组织合作交流"。

（二）影响力加速扩大：我国在国际开源生态中的贡献度与话语权持续提升

我国对国际主流开源社区的项目贡献度不断增大。公开数据显示，截至 2023 年 4 月，我国开源软件开发者数量已经突破 800 万。多个国内企业和个人组织向 Apache 软件基金会贡献了新的项目，同时，也有多个项目成功从孵化阶段毕业，成为 Apache 软件基金会的顶级项目。这些成果不仅展示了中国在开源领域的积极参与和贡献，也反映了国内开源生态的成熟和进步。2023 年 1 月，Apache Linkis、Apache Kyuubi 和 Apache bRPC 正式从 Apache 软件基金会毕业，成为顶级项目。2 月，Apache EventMesh 项目加入 Apache 软件基金会的顶级项目行列，该项目专注于云原生事件驱动架构，为微服务架构中的事件处理提供了强有力支持。6 月，Apache SeaTunnel 和 Apache Kvrocks 两个项目也顺利完成了从孵化到毕业的过程。2023 年 7 月，Istio 项目在云原生计算基金会（CNCF）毕业。2023 年 2 月，Jina AI 将其开发的 DocArray 项目捐赠给 Linux 基金会，该项目是一个用于文档智能处理的开源项目，提供了丰富的数据结构和算法，用于处理和分析文档数据。与此同时，Paralus 项目正式于 2023 年 2 月成为 CNCF 的沙箱项目，该项目旨在为云原生应用提供更高效的网络解决方案。

我国对主流开源基金会运营发展的影响力正持续扩大。截至 2024 年 5 月，Apache 软件基金会共计拥有 8 家白金会员、11 家黄金会员、7 家白银会员，其中我国有 1 家白金会员（华为）、2 家黄金会员（百度、字节跳动）。Linux 基金会共计拥有 13 家白金会员、12 家黄金会员，其中我国有 2 家白金会员（华为、腾讯），2 家黄金会员（百度、微众银行）。此外，阿里巴巴、蚂蚁金服、灵雀云、宝蓝德、斑马智行、东方通、世纪互联、中国电信、中国移动、中国联通等多家企业已成为 Linux 基金会的白银会员。特别值得一提的是，继 2021 年吴晟（顶级项目 Apache Skywalking 的作者）成为首位入选 Apache 软件基金会董事的华人后，2022 年姜宁成为第 2 位入选 Apache 软件基金会董事的华人，并成功于 2023 年获得连任。堵俊平也于 2022 年 3 月再次当选 Linux 基金会 AI&DATA Board 主席。

（三）生态加速完善：国内开源生态建设水平与国际领先国家之间的差距正不断缩小

开源基金会建设持续完善。作为国内首家开源基金会，开放原子开源基金会自 2020 年 6 月在北京成立以来，在共建成员数、孵化项目数、代码量等多个方面都取得了快速发展。截至 2024 年 5 月，基金会共计孵化开源项目（通过基金会下设的技术监督委员会立项）23 个，其中包括 Pika、狮偶、XuperCore、OpenHarmony、openEuler、TobudOS 等明星项目；拥有 8 家白金捐赠人、9 家黄金捐赠人、17 家白银捐赠人以及 9 位开源贡献个人。2023 年 3 月，中国的第 2 个开源基金会"天工开物基金会"在重庆正式成立。后来也陆续发起了"SigStore 中国社区""开源创新教育联盟"等组织，目前已有 3 个开源项目正式捐赠给天工开物开源基金会。

开源教育与开源人才培养愈发受到高校重视。2023 年，中国高校在开源教育方面的努力日益显著，许多高校通过开设特色课程、建立联盟、与企业合作等方式，积极推进开源教育的发展。清华大学、北京航空航天大学、浙江大学、上海交通大学、华东师范大学等全国近百所大学宣布将在未来 3 年内陆续开设开源软件课程，课程包括开源专业技术、数字公共产品等基础专业课程，帮助学生从零开始、由浅入深地理解开源知识架构，加快软件关键领域的人才培养。北京大学打造了"OSS Development 开源软件技术"线上实践课程，结合理论与实践，培养学生的开源软件开发技能。清华大学举办了"2023 秋冬季开源操作系统训练营"，通过使用 Rust 语言编写操作系统的实践，培养学生的操作系统开发技能。北京理工大学与深开鸿合作，举办了开源鸿蒙人才培养和科研合作工作研讨会，加强了校企合作，提升了人才培养质量。多个开源组织开始推行"开源进校园"活动，其中开放原子开源基金会联合腾讯公司共同出资发起"开放原子校源行"公益项目，双方携手通过建立高校开源社团、普及开源文化、研发开源课程体系等方式探索产教融合新路径。中国计算机学会开源发展委员会发起的"开源高校行"系列活动，在清华大学、北京大学、北京航空航天大学、复旦大学等名校成功举办，产生了广泛影响。

各类特色开源会议与赛事活动精彩纷呈。2023 年全年，我国各地举办了多场开源相关会议。2 月，深圳举办了首届开源鸿蒙大会。3 月，北京举办了首届 OSPO Summit 开源管理办公室峰会和 Dev.Together 开发者生态峰会。4 月，苏州举办了移动云大会-开源主题活动论坛，上海举办了 openEuler

Developer Day。5 月，上海举办了全球开源技术峰会（GOTC）。6 月，北京举办了智源大会-AI 开源论坛、开放原子全球开源峰会和第 18 届开源中国开源世界高峰论坛。7 月，北京举办了中国互联网大会-开源供应链论坛，台北举办了 COSCUP 开源人年会。8 月，上海举办了世界人工智能大会-开源学习论坛，北京举办了 CommunityOverCode Asia 2023 阿帕奇软件基金会亚洲大会。9 月，上海举办了 KubeCon+CloudNativeCon+Open Source Summit、GOSIM（全球开源创新大会）、外滩大会-开源论坛，北京举办了 OSCAR 开源产业大会。10 月，武汉举办了开源新疆界：天工开物多元合作峰会，长沙举办了 CCF 中国开源大会和 1024 程序员节，成都举办了 COSCon 第八届中国开源年会。12 月，北京举办了 OpenInfra Days China 2023 开源基础设施开发者日和操作系统大会&openEuler Summit，三亚举办了开源计算机系统大会，无锡举办了开放原子开发者大会，上海举办了开源产业生态大会。

二、发展特点

（一）围绕开源领域的商业投资进入"平稳期"

受全球整体金融环境的波及以及新冠疫情带来的不确定性因素影响，相较 2020—2021 年出现的开源商业化投融资热潮，2023 年投资者对开源领域的投资逐渐进入平稳阶段。2023 年，人工智能领域迎来了预训练大模型技术的大爆发，引发了全社会的广泛关注，并且可预见在未来将持续加深对生活、工作的影响。不难发现，在这次人工智能技术迭代的浪潮中，开源生态也为技术发展起了极大的推动作用，并且有不少开源模型以及开源项目在积极寻求商业化。从我国融资情况看，2023 年开源领域投资整体得到保持。例如，飞轮科技专注于研发和推广开源实时数据仓库 Apache Doris，在最新一轮融资中获得数亿元人民币投资，截至目前总融资规模已接近 10 亿元人民币。澜舟科技基于自然语言处理（natural language processing，NLP）技术，提供新一代认知智能平台，目前该公司已完成 Pre-A+轮融资，不到一年的时间总融资规模即达数亿元人民币。GitHub 网站 2023 年 12 月上旬数据显示，我国共有 7 家企业在 2023 年获得融资。

（二）政治因素对开源发展带来的不确定性增加

由于 GitHub 等托管平台、Linux 等基金会运营主体直接受到所在国家和地区的法律约束，主权国家可通过对企业的管辖权间接管制开源软件和代码。同时，部分开源项目容易受到个人贡献者与项目维护者意识形态的注入，导致近年来开源运动的"立场化、政治化"色彩愈发浓厚。2020 年，知名开源容器引擎 Docker 的企业版停止向被列入美国"实体清单"的企业提供，我国部分企业、科研院所就因此受到影响。2022 年，俄乌冲突发生后，GitHub 官方发文称将限制俄罗斯通过其平台获得军事技术能力。来自俄罗斯的开发者也被部分开源社区或项目的管理运营方禁止参与开源代码贡献，如全球第二大开源代码托管平台 GitLab 在俄乌冲突爆发后，就宣布暂停在俄罗斯和白俄罗斯的新业务，并停止了在俄罗斯对 NGINX（世界上使用最广泛的 Web 服务器之一）开源项目的贡献。

（三）开源软件供应链安全被越来越多国家所重视

2021 年底爆发的开源日志库 Apache Log4j 的漏洞事件（又称 Log4Shell 漏洞）曾一度引发全球软件行业"海啸"，而围绕开源软件的安全攻击事件在 2023 年仍在持续上演。根据 Atlas VPN 的数据分析，Linux 恶意软件威胁数量增长了 50%，达到 190 万个，是近年来的最高水平。Log4Shell 漏洞再一次卷土重来，为了应对这个漏洞，Apache Log4j 的开发团队又紧急发布了 Log4j 2.16.0，禁用了日志消息中的 Java 序列化功能。Spring4Shell 漏洞攻击进入爆发期，根据 CheckPoint 的遥测数据，全球受到 Spring4Shell 零日漏洞影响的组织中，大约有六分之一已经成为攻击者的目标。在所有主流 Linux 发行版中的默认配置 Polkit 组件，也被报告存在严重的 CVE 漏洞。随着开源软件已经成为全球软件供应链中的重要环节，开源安全问题也日益受到关注，主要国家和企业也纷纷开始注重开源软件供应链安全治理能力建设。美国于 2022 年 1 月和 5 月两次召集 Linux 基金会、开源安全基金会以及一众 IT 巨头商讨开源软件安全问题，提出了一项为期两年的、近 1.5 亿美元的针对开源安全的投资计划，开源安全基金会也连续发布了 4 项有关开源软件安全的指南。欧盟为 LibreOffice 等 5 项开源项目提供了漏洞悬赏计划，以最大限度发现开源软件漏洞并减少其带来的影响。谷歌提出漏洞奖励计划（vulnerability reward program，VRP），旨在提高其产品和服务的安全性，向发现漏洞的安全研究员支付奖金。2022 年，谷歌通过 VRP 共支付了 1200 万美元，修复了 2900 多个安全问题。其中，最高单笔奖励达到 60.5 万美元。这些安全研究员来自 68 个不同国家或地区，共有 703 人获得奖励。

区　域　篇

第十一章

环渤海地区软件产业发展状况

　　软件是新一代信息技术的灵魂，是数字经济发展的基础，是制造强国、网络强国、数字中国建设的关键支撑。发展软件和信息技术服务业，对于加快建设现代产业体系具有重要意义。当前，软件和信息技术服务业成为各地谋划高质量发展的重心，产业集群化发展效应更加显著。环渤海地区是我国软件和信息技术服务业发展的重要集聚区之一，包括北京、天津、河北、山东等省市，汇聚了数量众多的软件百强企业、规划布局内重点软件企业和互联网百强企业，区域内拥有北京、济南、青岛 3 个中国软件名城，主要囊括中关村软件园、齐鲁软件园、青岛软件科技城等重要软件产业集聚区，科创基础好、产业资源丰富、综合配套能力强，软件和信息技术服务业发展状况良好。

一、整体发展情况

（一）产业收入

　　整体来看，2023 年 1—11 月，环渤海地区软件业务收入 32392 亿元，相比上年同期的 26459 亿元，同比增长 22.4%，增长态势平稳，高于全国总体增速 8.5 个百分点，占全国软件业务收入的比重为 29.3%。

　　分省市地区情况看，2023 年 1—11 月，北京、山东和天津分别实现软件业务总收入达 23756 亿元、12315 亿元和 2688 亿元，较上年同期分别增长 17.8%、16.2% 和 15.4%，软件业务合计收入占本地区比重高达 98.9%，产业集聚态势明显。相较来看，河北的软件业务总体规模较小但增长较快，2023 年 1—11 月实现软件业务收入 418 亿元，同比增长 19.8%。2023 年 1—11 月，全国软件业务收入排名前 10 位的省市中，环渤海地区的北京、山东和天津，分别位居第 1 位、第 4 位、第 9 位，北京、山东、天津位次均不变。

（二）产业结构

2023 年 1—11 月，环渤海地区软件产品收入和信息技术服务收入分别为 10430 亿元和 20464 亿元，较上年同比增长 37.9% 和 23.2%，占全国比重分别为 40.3% 和 27.9%；信息安全收入 1222 亿元，占全国比重为 64.0%；嵌入式系统软件收入 3461 亿元，占全国比重为 36.7%。从区域内软件和信息技术服务业整体发展情况来看，信息技术服务收入所占比重为 61.4%，软件服务化特征持续凸显，软件产品收入、信息安全收入和嵌入式系统软件收入占比分别为 26.6%、3.1% 和 8.8%。

二、产业发展特点

（一）中心城市集聚发展，引领作用显著增强

环渤海地区，以北京、天津、济南、青岛为代表的中心城市各项政策及机制进一步完善，资源高度集聚化、产业全链条集群化发展推动全要素生产率不断提高，成为高质量发展的动力源泉。集聚发展带来的成本集约、技术创新、合作互补等效应，能够形成政策举措的"加速器"和优质资源的"引力场"，加快实现软件和信息技术服务业高质量发展。环渤海区域的中心城市形成了整体协同的效应，软件龙头企业对产业的带动引领作用持续显现，以北京为例，百亿元以上企业已达 22 家，十亿元以上企业 185 家，亿元以上企业 1613 家。在中国互联网综合实力百强榜、软件和信息技术服务竞争力百强企业榜单中，北京入选企业数量超过三成。在胡润榜、德勤榜、独角兽榜、中国大数据企业 50 强等榜单中，北京企业数量均居前列。

（二）名城建设持续发力，错位协同效应凸显

依托探索积累推动软件和信息技术服务业发展的路径经验，环渤海地区加速凝聚市场与政府的发展合力，充分结合自身功能定位及产业布局规划，凝聚区域核心竞争力，形成了各具特色、错位协同的产业发展格局，软件名城成为区域的软件和信息技术服务业发展重点城市。截至 2023 年底，环渤海地区已拥有北京、济南、青岛 3 个中国软件名城，3 个城市在产业引导、

环境营造等环节开展政策创新与"先行先试"，不断积累形成有效方法路径和可推广模式，提高建设水平和建设质量。

北京是全国软件产业发展的核心城市，具有坚实的产业发展基础和雄厚的产业发展实力，产业规模和质量全国领先。北京充分发挥海淀区、朝阳区核心地位，立足各区域功能定位，不断完善上下游产业链。海淀区聚集了大部分软件和信息服务企业，是软件创新创业孵化最为活跃的地区；朝阳区强化科技服务能力，引进阿里巴巴等企业，特色产业集群化发展态势明显。此外，2024 年 4 月发布的《北京市加快建设信息软件产业创新发展高地行动方案》，推动北京软件产业提升发展能级，加快建设信息软件产业创新发展高地。**济南**大力实施数字经济引领战略，推动中国软件名城提档升级，加快实现软件和信息技术服务业增长。此外，济南大力支持齐鲁软件园争创"中国软件名园"，全力打造数字先锋城市。同时，济南重点建设齐鲁软件园、数字经济产业园、明湖国际信息技术产业园等特色园区，打造大数据、区块链、信息安全等特色产业集群。**青岛**的软件和信息技术服务业布局不断优化，逐步形成以西海岸新区、崂山区作为两个增长极，以市北、市南、李沧、城阳为 4 个重点区的"一体两极四柱多园"新发展格局。

（三）京津冀一体化发展，产业竞争优势明显

环渤海地区在区位、人才、产业基础等方面具有天然优势，云计算、大数据、人工智能、区块链、元宇宙等新兴产业获得了长足发展。京津冀地区不仅是"首都经济圈"，更是环渤海地区的重要经济区。2023 年 1—11 月，京津冀软件业务收入为 26862 亿元，占环渤海地区软件业务总收入的 82.9%，其中，北京已经成为京津冀软件和信息技术服务业的产业辐射中心，其软件业务收入为 23756 亿元，在京津冀软件业务收入中占比 88.4%。随着京津冀软件和信息技术服务业的协同发展，三地联合技术创新步伐明显加快，构成了"1+2+4"的产业格局，包括"1"个核心区域（北京的中关村区域），"2"个重要拓展区（天津的滨海新区和武清区），"4"个重点功能区（河北的张家口、廊坊、承德和秦皇岛）。其中的代表性软件企业包括位于北京的北大方正、位于廊坊的中科廊坊科技谷有限公司等，在促进京津冀三地软件和信息技术服务业发展方面发挥了重要作用。近年来，北京印发《北京市促进数字经济创新发展行动纲要（2020—2022 年）》《北京工业互联网发展行动计划（2021—2023 年）》《北京市"十四五"时期高精尖产业发展规划》《北京市推

动软件和信息服务业高质量发展的若干政策措施》等，推动北京软件和信息技术服务业进一步做优做强、提升发展能级。天津在国家级大数据产业发展试点示范项目、车联网先导区等建设中不断发力，成果显著。卓朗科技、贝壳技术等 11 个项目入选国家级大数据产业发展试点示范项目，获批天津（西青）国家级车联网先导区等。2022 年 8 月，工业和信息化部正式批复同意建设河北雄安新区国际互联网数据专用通道，进一步提升河北雄安新区国际通信网络性能和服务质量，推动河北数字经济发展、京津冀大数据协同发展。

第十二章

长江三角洲地区软件产业发展状况

长江三角洲地区（可简称长三角地区）包括上海、江苏、浙江和安徽。作为我国经济发展的重要引擎，长三角地区的建设和发展对引领全国高质量发展、建设现代化经济体系意义重大。同时，长三角地区是我国软件产业的重要集聚区和创新高地，软件产业发展稳步前进，产业规模约占全国的三分之一，新兴软件技术和创新服务不断涌现，展现出强大的生命力和竞争力。一系列国际知名的软件产业集群、创新联盟和领军企业在此蓬勃发展，形成了独具特色的软件和信息技术服务生态圈。长三角地区以其卓越的创新能力、先进的产业技术和强大的市场影响力，引领着全国软件和信息技术服务业向更高水平迈进。

一、整体发展情况

2023 年，长三角地区在软件和信息技术服务业领域展现出强劲的发展势头，产业规模稳中有升，产业结构日益优化。依托重点城市和龙头企业的强大牵引力，长三角地区积极汇聚创新资源，加速形成创新动能，不断完善和优化产业生态，为软件和信息技术服务业的持续发展注入了源源不断的创新活力，助力产业高质量发展。

（一）产业收入

2023 年，长三角地区软件和信息技术服务业发展态势良好，业务收入稳中有升，发展水平位居全国前列。2023 年，长三角地区完成软件业务收入35437 亿元，同比增长 10.6%，增速较上年同期提高 2.5 个百分点。长三角地区软件产业收入占全国软件业务收入的比重为 28.7%，基本与上年同期持平。

其中，江苏、上海、浙江软件业保持稳中向好态势，软件业务收入分别位列全国第 3、5、6 位；安徽软件业务收入占全国的比重虽略微逊色，但同比增速达 15.2%，展现出强劲的增长势头和巨大的发展潜力。上海、南京、杭州、苏州、无锡 5 个中国软件名城依托城市特色软件产业及发展优势，持续擦亮名城品牌，以"领军企业、创新产品、行业精英、特色园区、国际盛会"为核心驱动力，充分发挥示范带动效应，推动中国软件名城建设取得显著成效。其中，在 2023 年软件名城评估中，杭州入选并获评第一档软件名城。同时，宁波紧紧围绕中国软件名城创建目标，重点抓政策扶持、主体培育、空间拓展、生态营造，着力锻造工业软件、工业互联网等特色产业集群新优势，加快推动软件产业高质量发展；合肥通过汇聚创新资源，优化政策环境，不断激发软件产业的创新活力，做大做强高端工业软件、嵌入式软件，发展平台化软件、新兴信息服务软件，培育大数据等信息服务和配套产业，争创软件名城。综合来看，长三角地区软件产业保持稳中向好发展态势，通过分工合作、优势互补、协同联动，促进区域软件产业发展质量和效率进一步提升。

（二）产业结构

2023 年，长三角地区软件和信息技术服务业结构持续优化，但软件四大细分领域的发展则呈现差异化增长态势。综合来看，信息技术服务收入和嵌入式系统软件收入增长较快，软件产品收入增长相对较慢，信息安全收入还有较大的增长空间。2023 年 1—11 月，长三角地区软件产品收入为 6310 亿元，同比增长 2.67%，占全国软件产品总收入的 24.4%。信息技术服务收入为 22961 亿元，同比增长 16.11%，占全国信息技术服务总收入的 31.3%。嵌入式系统软件收入为 2821 亿元，同比增长 25.3%，占全国嵌入式系统软件总收入的 29.9%。信息安全收入为 201 亿元，同比增长 1.38%，占全国信息安全总收入的 10.5%。

二、产业发展特点

（一）区域合作再深化，产业协同促发展

长三角地区拥有丰富的软件应用场景、良好的软件产业基础、一流的产业发展生态。2023 年，"三省一市"继续发挥区域资源禀赋优势，深化联动，密切协作，在产业技术攻关、创新生态完善、产业人才培养等方面深化区域

合作，切实推动长三角地区软件产业协同发展，共同打造中国软件产业高地。在**产业技术攻关**方面，长三角地区深度聚焦国家战略需求与软件行业发展前沿，通过科技创新共同体等多种协同创新渠道合力攻关关键技术，例如，长三角软件和信息服务产业链联盟探索科技自立自强新路径，与南京大学共建"省研究生工作站"，与南京理工大学等高校签订人工智能领域的科研合作协议，开展技术交流活动，着力推动软件关键技术创新突破，为区域软件产业发展增添动能。在**创新生态完善**方面，长三角地区通过政策扶持、组织建设和产学研用一体化发展等方式共筑软件产业良好生态。长三角软件产业基地服务联盟、长三角信创产业协作组织、长三角一体化信通联盟等组织机构集聚产业要素资源，推动区域创新资源共享共建。长三角国家技术创新中心构建了一个企业为主体、市场为导向、产学研用深度融合的产业技术创新体系，有效整合各方创新资源。在**产业人才培养**方面，长三角地区高度重视软件产业人才队伍建设，通过协同人才培养和促进区域内人才流动共筑一体化人才培养体系。目前，长三角地区拥有复旦大学、同济大学、上海交通大学、华东师范大学、南京大学、苏州大学、南京航空航天大学、中国科学技术大学、浙江大学等 9 所特色化示范性软件学院，共同培养高层次、复合型软件产业人才。同时，长三角地区通过长三角技术经纪人联合培养、长三角国际创新挑战赛、长三角科技人才培训联盟等平台合力打造长三角软件产业人才培训"共同体"，助力长三角一体化软件人才培养与区域内流动。

（二）特色软件园区赋新能，集聚发展效应显著

软件园区是软件产业做大做强的重要抓手。长三角地区集聚了上海浦东软件园、中国（南京）软件谷、苏州软件园、杭州软件园、宁波软件园、常州软件园、合肥软件园等国家级软件园，形成特色产业集群，赋能区域软件产业发展，集聚发展效应显著。在"三省一市"地方政策支持下，重点软件园区筑根基、强链条、促应用，全力打造自主安全的软件产业生态，向特色化、专业化、品牌化、高端化软件园区发展演进。长三角地区的软件园区依托于产业基地的集群效应，实现了产业的协同发展，并持续优化创新管理模式，构建了相互促进、错位发展、资源共享的良性生态。在国家级软件园的示范与推动下，长三角地区软件产业维持了稳健的高质量增长，孕育了一大批创新实力雄厚、品牌影响广泛、国际化程度高的软件领域领军企业和新兴企业。

（三）抢抓软件新兴赛道，发展新优势日益凸显

　　长三角地区积极抢抓人工智能等软件新兴赛道，以创新驱动为核心，推动软件产业快速发展，新优势日益凸显。目前，长三角地区已成长为国内人工智能产业发展最为强劲的区域之一，在全国人工智能产业高质量发展过程中发挥了显著的"头雁效应"。人工智能战略院发布的《中国新一代人工智能科技产业区域竞争力评价指数 2023》显示，2023 年，长三角地区的人工智能科技产业区域竞争力评价指数超过京津冀地区、珠三角地区和川渝地区，位列四大经济圈首位，2021 年以来持续蝉联第一，上海、浙江、江苏、安徽分别位居全国第 3、4、5、9 位。"三省一市"凭借人工智能产业发展必需的技术积累和产业载体，在人工智能产业发展中均具有突出的优势和竞争力。**上海**已基本形成以张江人工智能岛、临港新片区、徐汇滨江（西岸智慧谷）和马桥 AI 创新试验区为轴线，以嘉定区、青浦区、杨浦区、浦东新区和闵行区为聚点的点轴联动人工智能产业发展模式。**浙江**的人工智能产业已初步形成以杭州为核心，向宁波、嘉兴、绍兴等环杭州湾地区集聚发展的态势。其中，杭州已经形成人工智能产业上游基础层、中游技术层的算法开发、下游应用层的解决方案、产品服务领域在内的全产业链条。**江苏**在图像识别、智能传感器和智能制造等人工智能细分领域展现出特色优势，中国（南京）智谷、中国（南京）软件园、苏州人工智能产业园等人工智能产业集聚区已初具规模，人工智能创新生态日益完善。**安徽**的人工智能产业发展也初见成效，位居全国第一梯队，在技术创新、产业布局、人才支撑等方面展现出较大的发展潜力。

第十三章

东南沿海地区软件产业发展状况

软件和信息技术服务业是支撑经济社会发展的基础性、战略性、先导性产业,是国际科技竞争和经济发展的重要战略制高点。东南沿海地区包括广东、福建、海南,是我国软件产业发展的重点集聚区。广东的软件产业综合实力和发展规模连续多年位居全国前列,形成了广州、深圳中国软件名城双核引领、珠三角地区梯队协同、粤东粤西粤北地区竞相发展的产业格局。福建依托福州和厦门两个中国软件名城,培育了一批软件和信息技术服务业企业,涌现出独角兽企业、未来独角兽企业和瞪羚企业,激活了数字经济发展动能。海南加快推动数字经济和实体经济深度融合,数字产业已初步实现集群化、特色化发展。

一、整体发展情况

(一)产业收入

2023 年,东南沿海地区软件产业规模整体保持较高增速。2023 年 1—11 月,东南沿海地区软件业务收入合计 20548 亿元,同比增长 14.7%占全国软件业务收入的比重为 18.6%,与上年同期相比略有下降。其中,2023 年 1—11 月,广东完成软件业务收入 18189.6 亿元,同比增长 14.2%,位列全国第二位;福建完成软件业务收入 2251.9 亿元,同比增长 9.3%;海南实现软件业务收入 106.7 亿元,同比增长 16.3%。

(二)产业结构

2023 年,东南沿海地区软件产业结构持续优化,但软件四大细分领域的发展态势呈现一定差异。综合来看，软件产品收入与信息技术服务收入呈现增长势头，嵌入式系统软件收入和信息安全收入下降明显。2023 年 1—11 月，东南沿海地区软件产品收入 4075.5 亿元，同比增长 11%，占全国软件产品总收入的 15.8%；信息技术服务收入 14125.4 亿元，同比增长 19.9%，占全国信息技术服务总收入的 19.3%；嵌入式系统软件收入 2217.2 亿元，同比下降 2.3%，占全国嵌入式系统软件总收入的 23.5%；信息安全收入 129.9 亿元，同比下降 32.3%，占全国信息安全总收入的 6.8%。

二、产业发展特点

（一）集聚发展态势突出，软件企业快速成长

　　广东是信息产业发展的大省，其软件和信息技术服务业呈现与电子信息制造业相互渗透融合、相互促进的态势。其中，珠三角地区作为广东软件和信息技术服务业的主体，以"软件园区+软件名城"为载体，有效促进软件产业集聚发展。在深圳、广州两个软件名城的带动下，珠三角乃至广东软件产业优势领域进一步发展。深圳自 2012 年被认定为"中国软件名城"以来，已发展成为我国软件与信息服务的集聚中心、创新高地和出口重镇。2023 年，深圳的软件业务收入 11636 亿元，占全国软件业务收入的比重为 9.4%，位居全国副省级中心城市第一位；深圳培育了华为、腾讯等一批具有核心竞争力的软件头部企业，字节跳动、阿里巴巴、Shopee、小米、百度等一大批国内企业在深圳设立国际研发中心，以深圳为基地辐射海外市场。国际企业也纷纷布局深圳，英特尔公司打造旗舰级大湾区科技创新中心，ABB 在深圳布局全球开放创新中心。近年来，实施软件企业中坚力量壮大计划，构建了大中小企业融通发展新格局。此外，深圳除培育了华为、腾讯等行业领军企业外，还成功培育了汉森软件、华锐等 200 多家软件领域专精特新"小巨人"企业，同时招引了华大九天、苏州同元、麒麟软件等一批拥有关键核心技术的潜力企业。广州是国家重要的中心城市、粤港澳大湾区核心引擎、广东省省会城市和综合性门户城市，综合实力均衡、区位优势突出。2012 年，广州被授予"中国软件名城"称号。广州结合支柱产业和优势特色产业，不断擦亮"中国软件名城"招牌。2023 年，广州软件和信息技术服务业收入达到 7169 亿元，居副省级城市第 4 位，发布《广州市进一步促进软件和信息技术服务业高质量发展的若干措施》《广州市软件和信创产业链高质量发展三年

行动计划（2021—2023 年）》等政策，加快构建企业阶梯式扶持政策体系。同时，推动汽车、先进装备领域龙头企业积极参与场景开放，重点面向电子信息、先进装备、家电及其他通用行业开展工业软件"卡脖子"技术攻关及推广应用。

福州是国家数字经济创新试点城市、国家信息消费示范城市，2023 年 9 月，入选全国首批中小企业数字化转型试点城市。近年来，福州相继推出《关于促进软件和信息技术服务业发展五条措施》《培育软件业龙头企业工作方案及政策措施》《关于促进软件产业高质量发展的若干措施》等一系列政策，推动"名园、名企、名品、名人、名展"协同发展。福州培育了中国软件百强、互联网百强企业近 20 家，软件类企业主板上市 19 家，占全市上市企业总数的三分之一以上，同时占全省软件类上市公司的比例超过 60%。2019 年，厦门被工业和信息化部授予"中国软件特色名城"称号。厦门在互联网、数字创意、行业应用等领域已形成较强的产业竞争力，同时，以名城创建为抓手，持续优化发展环境，深化技术应用，创新能力不断提升。此外，厦门统筹规划全市软件产业用地，建设运营软件园一、二、三期，不断加强载体建设，支撑全市软件产业集聚发展。

海南生态软件园坚持自贸港优惠政策和制度集成创新"两手抓"，龙头企业深耕和标杆企业培养"两条腿走路"，积极开展面向未来的高质量发展行动，努力打造具有竞争力的海南自贸港特色的数字经济产业集群。海南生态软件园总体规划面积 15.58 平方公里，是海南自贸港政策早期收获的重点园区之一，是海南数字经济的主要载体和平台。海南生态软件园定位数字贸易策源地、数字金融创新地、中高端人才聚集地，重点发展"一区三业"，即创建国家区块链试验区，用区块链等技术赋能数字文体、数字健康、数字金融等产业。园区吸引了包括国内行业头部在内的超过 1.3 万家企业入园，并汇聚了一批来自牛津大学、麻省理工学院（MIT）、清华大学、北京大学等名校的优秀科学家和工程师，形成了区块链等数字技术的集聚。

（二）应用场景持续丰富，数实融合深入推进

近年来，广东软件产业蓬勃发展，广泛打造应用场景，支撑软件产品示范推广，对经济社会发展的引领支撑作用凸显。深圳持续加强数字政府和智慧城市建设，鼓励纳入"首版次软件""创新产品目录""软件名品"的软件产品优先应用。在智慧医疗、数字金融智慧教育等领域多应用场景全面激活。

广州大力发展数字经济，促进数字经济和实体经济深度融合，加快推进新型工业化。在"2022中国数字经济城市发展百强榜"中居第5位，数字基础设施全国领先，如广州超算中心、广州人工智能公共算力中心；企业数字化水平处于全国前列，1500多家企业通过两化融合管理体系贯标评定，上云企业超过10万家，制造业企业智能化设备拥有率达87%。

福州软件产业的发展得益于"数字福建"建设的推动。近年来，福州涌现出一批为重点行业、关键领域提供产品和服务的细分领域"单项冠军"软件企业。在政务领域，e福州APP荣登智慧城市APP排行榜首位；博思软件在财政电子票据等多个细分领域的产品市场占有率居全国第1位。在金融领域，顶点证券交易系统A5信创版已在东吴证券稳定运行两年，成为行业内首家标杆案例；联迪商用的智能POS（销售时点系统）终端入选工业和信息化部制造业单项冠军产品。在医疗领域，健康之路公司成功打造互联网分级诊疗"宜昌模式"服务平台，得到了国务院领导的高度重视和表扬；易联众医改监测系统成为全国首个"三级联动"综合监管平台。在教育领域，博思软件高校采购云平台已在全国60%以上部属高校中推广应用；网龙公司的教育软件在"一带一路"共建国家得到了广泛的应用等。

海南的数字产业链依托海南生态软件园、海口复兴城互联网信息产业园、陵水清水湾信息产业园、三亚互联网信息产业园、海口未来产业园等园区，集中发展电子信息制造、游戏、区块链、智能物联、跨境数字贸易等领域。围绕产业数字化，海南致力于推动软件产业与现代服务业、高新技术产业、热带高效农业的融合，加快"智慧海南"建设，从而为国际一流高端商务服务环境、智能化人居发展环境、高标准自由贸易试验区和中国特色自由贸易港的构建提供技术支撑。

第十四章

东北地区软件产业发展状况

经过一系列政策扶持和市场引导，近年来，东北地区的软件产业已展现出显著的增长势头，正逐步构建起独特的行业特色与优势，成为促进区域经济结构优化与产业升级的关键力量，具有广阔的发展潜力和前景。

一、整体发展情况

（一）产业收入

2023 年，东北地区软件和信息技术服务业呈现出较为迅速的增长势头，但规模总量相较于东、中、西部地区而言仍有较大差距。2023 年，东北地区完成软件业务收入 2884 亿元，同比增长 13.9%，高于全国平均水平 0.5 个百分点。尽管增速高于全国，但东北地区软件业务收入占全国比重仍为 2.3%，与 2022 年占比持平。

（二）产业结构

2023 年 1—11 月，东北地区软件业务收入 2443.7 亿元，其中软件产品收入 1070.6 亿元，同比增长 12.8%，占软件业务收入的比重为 43.8%；信息技术服务收入 1167.9 亿元，同比增长 14.0%，占比为 47.8%；信息安全收入达 75.0 亿元，同比增长 4.1%，占比为 3%；嵌入式系统软件收入达 130.2 亿元，同比增长 10.6%，占比为 5.3%。

分省情况来看，辽宁依然是东北地区软件产业的龙头，2023 年 1—11 月，辽宁软件业务收入达 1924.3 亿元，同比增长 14.0%，占东北地区软件业务收入的 78.7%。在全国软件业务收入排名中，辽宁位列第 13 位。从辽宁软件业务收入结构来看，软件产品收入与信息技术服务收入占比较高，分别为955.8亿元和886.0亿元，分别同比增长13.3%和15.4%，占比分别为49.7%和46.0%；信息安全收入65.2亿元，同比增长6.1%；嵌入式系统软件收入17.4亿元，同比增长10.2%。

吉林与黑龙江的软件和信息技术服务业发展水平仍较低。2023年1—11月，吉林软件业务收入476.4亿元，同比增长10.5%；软件产品收入103.5亿元，同比增长11.3%，占吉林软件业务总收入的21.7%；信息技术服务收入255.7亿元，同比增长10.0%，占吉林软件业务总收入的53.7%；信息安全收入8.9亿元，同比增长11.1%；嵌入式系统软件收入108.2亿元，同比增长10.9%，占吉林软件业务总收入的22.7%。2023年1—11月，黑龙江软件业务收入42.9亿元，同比下降1.7%。其中，软件产品收入与信息技术服务收入分别为11.3亿元和26.1亿元，分别占全省软件业务总收入的26.5%和61.0%；信息安全收入0.87亿元，嵌入式系统软件收入4.5亿元，合计占全省软件业务总收入的12.6%。

二、产业发展特点

（一）集群化发展效应凸显

东北地区的软件行业形成了以辽宁为主体、黑龙江和吉林并进发展的格局，园区集聚效应明显。

1. 辽宁软件产业集聚带动作用显著

沈阳、大连软件业务收入占辽宁的比重超过90%。作为最早发展软件产业的省份之一，辽宁软件产业规模一度位居全国前列。然而，在移动互联网时代，辽宁并未及时调整软件产业发展方向，一定程度上错失了发展良机。近年来，辽宁提出"数字辽宁、智造强省"战略，不断壮大软件开发产业，旨在重拾数字经济优势。2023—2024年，辽宁发布《辽宁省加快发展工业软件产业若干措施》、沈阳发布《沈阳市推动软件产业高质量发展的若干政策》、大连发布《大连市支持软件和信息技术服务业高质量发展若干政策》，不断完善产业政策体系，大力培育软件产业集群、丰富工业软件场景应用、鼓励企业自主创新、拓展服务外包优势，为产业集群化发展奠定了坚实的基础。2023年，辽宁软件产业规上企业1515家，实现主营业务收入2247亿元，同比增长 14.6%。其中，沈阳、大连作为辽宁软件产业的主要集聚区，软件业务收入占全省总量的 90% 以上，辐射带动全省软件产业的发展，逐渐形成了以沈阳、大连为龙头，鞍山、丹东、锦州等区域产业特色鲜明、优势互补的发展格局。

黑龙江软件产业主要集中在哈尔滨和大庆。围绕网络安全、工业软件等领域，培育出安天科技、哈工大软件等一批代表性企业。《黑龙江省产业振兴行动计划（2022—2026 年）》提出，要巩固提升安天科技、哈工大软件等重点企业核心技术研发能力，推动特色软件研发和产业化，加快发展数字创意、体积视频等新兴业态，大力培育壮大一批专精特新的软件和信息服务企业，打造 10 条软件及信息服务业产业链，建设国内具有重要影响力的信息安全研发基地、生产基地和成果转化基地。

吉林软件产业主要集中在长春。长春现已形成以行业应用软件为主，工业软件、嵌入式软件、集成电路设计、工业互联网和电子商务等共同发展的格局。启明信息、斯纳欧、易加科技、启璞科技、长春必捷必等规上软件企业深耕智能制造转型发展，已成长为优秀的数字化转型系统解决方案提供商，为制造业数字化转型提供了良好技术储备。

2. 创新资源加速向优势园区汇集

东北地区已先后建成大连软件园、沈阳国际软件园等具有国内影响力的产业园区，成为产业、技术和人才集聚的坚实平台和有效载体。

大连软件园始建于 1998 年，是国内首个"官办民助"软件园区，入驻软件企业千余家，包括简柏特、IBM、埃森哲等世界 500 强企业近百家，国际化特色亦日益凸显。随着产业外部环境逐渐变化，近年来，大连软件园构建了以车联网、工业自动化与信息化、共享服务中心为核心的产业集群。其中，在车联网领域，阿尔派、中科创达、均联智行、博泰、德赛等代表性企业，纷纷以软件研发为关键驱动力，深耕汽车智能座舱产业，如今车联网产业链已初具规模，形成了较为完善的产业链体系。

沈阳国际软件园始建于 2009 年，是全国头部民营科技园区之一，被工业和信息化部评定为"中国骨干软件园区十强"，连续 7 年被评为"中国最具活力软件园"，连续两年被评为"中国高质量发展园区"，累计获得各类国家级荣誉资质 20 余项。截至 2024 年第一季度，园区已投入使用面积约 103 万平方米，园区企业员工总数 40000 余人，入驻企业 1620 家。其中，本土培育的国家级高新技术企业 337 家，全国细分市场领军企业 30 余家，全球顶尖科学家项目 2 个，辽宁省上市后备企业 22 家。

（二）软件产业工业特色属性明显

东北地区作为中国的老工业基地，拥有较为完备的工业体系和产业配套能力，具备工业门类齐全、数字基础设施强等软件发展有利条件。不论是在航空、汽车等制造业行业，还是电信、能源等国计民生重点领域，东北地区都具备坚实发展基础，正在为践行应用需求牵引供给能力提升的产业发展规律树立示范标杆，也在为软件产品能力沉淀、迭代升级、市场开拓提供源源不断的场景沃土。

例如，**沈阳**基于自身丰富的工业数据资源与工业场景资源，以智能制造为主攻方向，推动工业软件研发与应用。在需求侧，制造业企业"制造单元—智能化生产线—数字化车间—智能化工厂"的全流程与关键环节智能制造改造为工业软件提供了广阔的应用空间；在供给侧，沈阳计算、鸿宇科技、辽宁畅通数据等软件企业以及沈阳机床、沈鼓集团等工业企业与沈阳自动化所等科研机构共同发力，已研发出 MES、PLC、SCADA 等多种类型的关键工业软件。**大连**围绕石化、机械装备、汽车等领域进行工业软件研发并开展配套服务，工业软件企业达 90 余家。其中，包括研发工业 MES 的鑫海智桥和信华信、研发自主可控工业仿真 CAE 的英特仿真、研发工业互联网平台的航天大道等，不断推动数字技术在智能制造领域的全面应用。

此外，东北地区拥有较为丰富的工业科教资源，正持续将科教优势转化为软件产业发展优势。例如，**哈尔滨工业大学**特色化示范性软件学院开设了"工业软件"方向，打造符合工业软件发展趋势的校企协同育人模式。通过实施"学习-实践持续迭代"的教学方式、每年举行"工业化人才培养与校企合作高峰会"等形式，不断把产业一线的工业软件技术挑战推送到教师和学生面前。目前，学校与华为、同元软控联合建设校企协同育人基地，围绕"工业建模仿真软件"开设课程，聘任企业专家来校授课、指导实验、担任企业导师。深化产教融合，协同共享有效资源，多方合力共同培养人才，构筑工业软件教育新体系。

第十五章

中西部地区软件产业发展状况

　　软件和信息技术服务业是信息社会的基础性、战略性产业,是国民经济和社会发展的"倍增器"。我国中西部地区覆盖面积广泛,包括河南、陕西、山西、内蒙古、湖南、湖北、四川、重庆、安徽、江西、云南、贵州、广西、宁夏、甘肃、青海、西藏、新疆等。武汉、重庆、成都、西安等区域中心城市的经济发展带动性和辐射性强,人才、科技、资金等要素资源丰富,地域、文化优势明显,对软件产业发展要素的吸引力不断增强,为软件产业的快速发展提供了有力的支撑。

一、整体发展情况

(一)产业收入

　　2023 年,我国中部和西部地区实现软件业务收入分别为 6965 亿元和12626 亿元,分别同比增长 17.4% 和 8.7%,占全国软件业务收入的比重分别为 5.7% 和 10.2%。其中,四川软件业务收入 5413 亿元,同比增长 13.2%,在全国软件业务收入前 10 位的省市中位列第 7 位。重庆软件业务收入为3152 亿元,同比增长 12.8%,在全国软件业务收入排名前 10 位的省市中位列第 8 位。长沙、武汉等中部城市也加快崛起,形成了规模较大的软件产业发展集群。成都软件业务收入 5278 亿元,同比增长 13.3%,在全国软件业务收入排名前 10 位的副省级中心城市中位列第 6 位。武汉软件业务收入 3024亿元,同比增长 20.1%,在全国软件业务收入排名前 10 位的副省级中心城市中位列第 8 位。

（二）产业结构

2023 年 1—11 月，中部地区软件产业快速发展，软件业务收入 5693.2 亿元，同比增长 14.8%。其中，软件产品收入和信息技术服务收入占比较高。2023 年 1—11 月，中部地区软件产品收入 1572.5 亿元，同比增长 14.4%，占软件业务收入比重为 27.6%；信息技术服务收入 3701 亿元，同比增长 15.0%，占软件业务收入比重为 65%；信息安全收入为 46.8 亿元，同比增长 14.7%，占软件业务收入比重为 0.8%；嵌入式系统软件收入为 372.8 亿元，同比增长 15.6%，占软件业务收入比重为 6.5%。

2023 年 1—11 月，西部地区软件产业保持稳定增长，软件业务收入 11215 万元，同比增长 9.0%。软件产品收入和信息技术服务收入占比达九成。2023 年 1—11 月，西部地区软件产品收入 2703.9 亿元，同比增长 6.6%，占软件业务收入比重为 24.1%；信息技术服务收入为 7716.9 亿元，同比增长 10.2%，占软件业务收入比重为 68.8%；信息安全收入为 236.0 亿元，同比增长 3.7%，占软件业务收入比重为 2.1%；嵌入式系统软件收入 558.2 亿元，同比增长 7.0%，占软件业务收入比重为 5.0%。

湖北、湖南为中部地区软件产业主要集聚区。2023 年 1—11 月，湖北软件业务收入 2636.0 亿元，同比增长 16.2%，在中部地区软件业务收入中占比 46.3%；湖南实现软件业务收入 1240.3 亿元，同比增长 14.2%，在中部地区软件业务收入中占比 21.8%；两省合计占中部地区软件业务收入比重为 68.1%。

四川、重庆、陕西为西部地区软件产业主要集聚区。2023 年 1—11 月，四川软件业务收入 4664.3 亿元，同比增长 13.6%，在西部地区软件业务收入中占比 41.6%；重庆软件业务收入 2924.8 亿元，同比增长 13.7%，在西部地区软件业务收入中占比 26.1%；陕西软件业务收入 2093.1 亿元，同比增长 4.3%，在西部地区软件业务收入中占比 18.7%；三省市合计占西部地区软件业务收入比重为 86.4%。

二、产业发展特点

（一）名城建设加速提质，示范作用持续凸显

四川通过抓产业载体培育、重大项目建设、惠企政策落实、名企名品培

育、开源生态建设等工作切实推动软件产业高质量发展。依托软件资源禀赋，成都软件名城建设加速提质。通过把握成渝地区双城经济圈建设的战略机遇、新消费带来的市场机遇、新基建的政策机遇，成都加快落实国家软件发展战略，进一步推进高端软件与操作系统产业链建圈强链。2023 年，成都出台《成都市关于进一步促进软件产业高质量发展的若干政策措施》及其实施细则、《成都软件和信息服务集群培育提升行动方案（2023—2025）》，促进软件产业发展壮大，推动成都市中国软件名城向世界级软件名城迈进。2023 年中国软件名城评估结果显示，成都名列第 6 位，居中西部地区之首、副省级城市第 4 位。

2023 年，湖北印发《湖北省加快软件和信息服务产业链高质量发展三年行动方案（2023—2025 年）》，提出力争到 2025 年，打造具有全国影响力的中国软件名城 1 个，推动产业链条全面升级、应用场景深度释放、产业格局充分拓展、产业生态逐步完善。武汉依托自身产业发展基础，在产业实力、创新能力、应用牵引、生态培育等方面取得了一定成效，名城建设持续推进。2023 年，武汉在中国软件名城评估中获评二星级名城，位居第 8 名。

（二）产业集聚化发展，中心城市带动效应显著

中西部地区软件产业分布继续向高度集聚状态发展，成都、武汉、西安成为中西部软件产业发展的中心城市。2023 年，成都、武汉、西安共实现软件产业收入 10611 亿元，占整个中西部地区软件总收入的 54%。其中，四川软件产业分布主要以成都、绵阳为中心集聚。2023 年，成都软件业务收入占全省软件收入的 97.5%，绵阳软件业务收入占全省软件收入的不到 2.5%，其他市州有零星分布。

湖北软件产业分布主要以武汉为中心集聚。2023 年，武汉软件业务收入 3023.78 亿元，同比增长 20.1%，在全国软件业务收入增速排名前 10 位的副省级中位列第 1 位，高于全行业增速 6.7 个百分点，占湖北软件业务收入的比重为 99.1%。软件业务收入过亿元的市州还有宜昌（10.42 亿元）、襄阳（4.21 亿元）、黄石（3.18 亿元）、荆门（2.72 亿元）、黄冈（1.46 亿元）、孝感（1.34 亿元）、荆州（1.18 亿元）等 7 个市州；增速高于全行业水平的市州还有黄冈（41.3%）、孝感（29.0%）等 2 个市州。虽然，宜昌、襄阳等市州软件业务收入增长较快，但武汉以外市州软件业务收入仅占全省软件业务收入的 0.9%。

（三）区域发展特色突出，加快形成新增长极

中西部地区部分省市利用新业态迅速发展、产业转型升级、布局出现调整的机遇期，积极打造特色产业，走特色发展之路，推动软件业快速发展。例如，安徽大力发展智能语音产业，湖北光电子信息产业特色优势突出，贵州抢先布局大数据领域等。

位于安徽合肥的中国声谷，是我国首家定位于语音和人工智能领域的国家级产业基地。中国声谷的入园企业已经超过 2200 家，2023 年营业收入超过 2000 亿元。在工业和信息化部公布的 45 个国家先进制造业集群名单中，合肥智能语音集群入选。凭借源头核心技术创新及产业先发优势积累，合肥获批组建了首个国家智能语音创新中心，围绕多语种语音识别、语音合成、语义理解和专用人工智能语音芯片等研发方向，构建集共性技术研发、测试验证、中试孵化和成果转移转化于一体的创新平台，提升我国智能语音行业技术水平和产品竞争力。

中国光谷是我国激光工业应用发源地，也是湖北光电子信息产业的创新极核。《国家高新区创新能力评价报告（2023）》显示，武汉光谷的光电子产业规模占全国的 50%。以光谷为重要产业集聚地，武汉已成为全球最大的光纤光缆研发制造基地之一，全国最大的光器件研发生产基地之一、中小尺寸显示面板产业基地和重要的激光产业基地。武汉聚集了京东方、华星光电、天马等国内三大显示面板骨干企业。中信科成为国内光通信行业引领者之一，长飞光纤主导产品份额已连续 6 年位居全球第一，武汉华星光电 T3 项目为全球最大的低温多晶硅（LYPS）单体工厂，高德红外的红外热成像设备跻身全球第 2 位。

贵州正全力推进大数据领域深层次改革，加快数据要素市场化配置，以算力、赋能、产业"三个关键"为核心，积极布局智算、行业大模型培育、数据训练等前沿领域。2023 年，贵州大数据电子信息产业年总产值达 2200 亿元、5 年实现翻番，软件和信息技术服务业增速位居全国前列、规模 5 年增长 5 倍，云服务"首位产业"收入占贵州软件业务收入的 70% 以上。在大数据应用方面，贵州上云用云企业数量突破 3 万家，大数据融合改造基本实现规模以上企业全覆盖。

园 区 篇

第十六章
中关村软件园

一、园区概况

中关村软件园成立于 2000 年，位于北京市海淀区中关村国家自主创新示范区核心区，占地 2.6 平方公里，是新一代信息技术产业的高端专业园区。园区获得了"国家软件产业基地""国家软件出口基地"等多项荣誉称号，成为国家信息技术产业的重要集聚地。

从创新资源集聚看，园区汇聚了超过 700 家高科技企业，包括 58 家外企、72 家上市公司、93 家收入过亿元的企业以及 35 家省级以上研发实体。企业每年研发投入超过 600 亿元；累计拥有知识产权 11.1 万项，其中授权专利 5.6 万项，注册商标 3.3 万项。此外，园区汇聚了大批高精尖人才和创新团队，包括 10 名两院院士、16 名享受国务院政府特殊津贴人员和 13 名科技北京领军人才。园区研发人员占比 59.2%，平均年龄 29.6 岁，形成了人才引领项目转化落地的良好创新氛围。

从生态建设看，中关村软件园构建了共性技术支撑体系、产业促进服务体系和公共服务体系，为园区企业提供全方位的支持。在创新孵化方面，设立了 5 亿元规模的创新专项资金，园区通过"孵化加速+投资驱动+场景开放"的创新孵化体系，累计签署逾百份认股权协议，孵化培育了包括小桔科技、跟谁学、理房通支付等独角兽企业在内的 2000 多家科技企业，推动了包括文思海辉、网易有道、万集科技等近 30 家企业上市。

二、重点行业发展情况

（一）人工智能

中关村软件园的人工智能产业涵盖深度学习平台、计算能力平台、计算框架、知识图谱和行业应用等多个领域，处于全球领先地位，聚集了腾讯、联想、浪潮、汉王科技、博彦科技等一批优质企业。腾讯的人工智能实验室在计算机视觉、自然语言处理和机器学习方面取得了显著成就，其 AI 技术在智能医疗、智能教育和智能交通等领域的应用，推动了行业的发展。2023年，腾讯推出了自研大语言模型"混元"，展示了其在自然语言理解和生成方面的卓越能力，广泛应用于智能问答和人机对话等场景。联想也加强了其在智能制造和数据中心解决方案方面的布局，推出了多款基于 AI 技术的产品，推动了产业智能化转型。2023 年 10 月 24 日，联想在第九届全球技术创新大会（Tech World 2023）上发布了其最全面的 AI 愿景"AI for All"，展示了 AI 在边缘计算和混合云解决方案中的应用。截至 2023 年 5 月，联想在高性能计算领域已斩获 463 项性能测试世界纪录，并连续 11 次蝉联全球高性能计算机 Top 500 榜单第 1 位。

（二）区块链

区块链技术作为新兴的分布式账本技术，具有去中心化、安全透明和不可篡改的特点，被广泛应用于金融、供应链管理、数字身份认证等领域。中关村软件园在区块链技术的多个方面均有布局，尤其在底层技术和行业应用方面取得了显著成果。

在区块链底层技术方面，百度的超级链已实现开源，并自主研发了相关技术，成为区块链底层技术的重要参与者。截至 2023 年，在 IPR learn 发布的全球区块链专利状况中，百度授权区块链专利 1123 件，在专利授权量全球排名前 20 位的专利权人中，位于第一梯队。同时，百度的"区块链系统的共识实现方法、装置、设备和介质"专利获得第七届北京市发明专利奖二等奖，百度是北京首个获得区块链方向发明专利奖的企业，进一步证明其区块链技术的领先性。

在区块链应用方面，中关村软件园的企业和研究机构取得了显著成就，特别是在金融服务、供应链管理和数字身份认证等方面推出了一系列创新解决方案，提升了数据的安全性和透明度。具体而言，度小满金融推出的区块链 BaaS 和溯源 SaaS 服务，为金融科技企业提供了强大的技术支持，确保数据的安全性和透明度。度小满长期致力于探索区块链技术在供应链金融等场景的落地应用，并参与制定了《可信区块链：供应链金融系统评测方法》的行业标准。近年来，度小满在金融领域的区块链应用探索持续领先，目前已与数百家持牌金融机构达成合作，通过磐石金融科技开放平台、满链融平台、貔貅隐私计算平台等产品，助力金融机构防范风险、降本增效。

（三）量子科技

量子科技作为未来技术的重要组成部分，涵盖量子计算、量子通信和量子测量三大细分领域。中关村软件园在这些领域都有深度布局，聚集了百度等一批行业内的优质企业。

在量子计算方面，百度的量子计算平台在算法优化和硬件开发方面具有国际竞争力。在 2023 量子产业大会上，百度发布了首个量子领域大模型，旨在芯片层、框架层、模型层及应用层等全栈技术上加速量子技术与大模型深度融合，在数据、算法和算力等各方面取长补短，实现双向赋能，将在训练速度、模型性能、训练成本、交互效率和数据隐私等各个维度全面加持现有大模型的技术能力。同年 3 月，百度牵头成立国内首个量子计算产业知识产权联盟，并设立国内首个量子计算专利池，在关键量子专利领域进行布局，以推动量子产业高效发展。

在量子通信方面，神州信息陆续承建了"京沪干线""武合干线""沪合干线""汉广干线""粤港澳湾区"等多条国家骨干网，并负责后续运维和量子通信解决方案。同时，公司依托在银行 IT 领域的优势，助力央行构建量子通信"星地一体化"，已在工商银行、人民银行应用落地。2023 年，国盾量子在量子通信板块业务实现营业收入 8610.45 万元，占总体营收超过五成。国盾量子与中国电信的战略合作进入新阶段，双方共同推出了"量子安全 OTN 专线"等产品和业务，合作开展的量子密话业务的用户数也实现大幅提升；在电力领域，公司及参股企业浙江国盾电力进一步开展电力领域"量子+5G"应用示范，参建的浙江省首座"量子+变电站"在绍兴投入运营；在办公领域，国盾量子与钉钉（中国）等合作，推进"量子安全应用门户"系列产品开发。

在量子测量方面，启科量子作为亚洲第一家离子阱量子计算公司，在这一领域取得了重要突破，其高精度量子测量设备在多个领域得到了广泛应用。2023 年 2 月，启科量子发布了首台离子阱量子计算机的工程机，迈出了从关键技术突破向实验室研发到产品工程化的关键一步。启科量子将离子阱量子计算与经典计算相结合实现混合计算，其中包括了硬件软件两大产品体系。启科量子的离子阱量子计算机工程机已获得国内量子信息、原子物理、光电子领域知名专家的高度评价。

第十七章

深圳软件园

一、园区概况

深圳软件园是集软件研发企业及孵化器于一体的综合性园区，现已成长为国内软件信息行业智力密集、创新活跃、产业集中的科技园区典范。先后获得"国家火炬计划软件产业基地""国家软件研发/出口基地""软件企业孵化基地""国家服务外包基地城市示范区""国家欧美软件出口工程试点园区""国家集成电路产业基地""广东省软件出口基地""2023 年度深圳市投资推广重点产业园区"等称号。

深圳软件园的建设遵循"一个主园，多个分园"的发展思路，以高新区软件园为主园，结合福田、南山、罗湖、蛇口火炬创业园等软件分园，统一规划建设，形成以主园为核心，覆盖全市、互联互通的软件产业园区，为深圳的软件产业发展提供了坚实的基础和广阔的空间。园区积极实施特色发展战略，始终坚持以软件产业培育为主导，围绕新技术新业态，不断扩展软件的应用领域，集聚了华为、中兴通讯、迈瑞、大疆等具有国际竞争力和影响力的创新型企业。同时，着力营造"大众创业，万众创新"的良好氛围，构建园区"众创-孵化-加速"全链条孵化育成体系，建设众创空间、孵化器，实现企业从创立到加速成长的全过程服务。

二、重点行业发展情况

（一）5G 技术

深圳软件园高度重视 5G 发展带来的发展机遇，在 5G 领域不断取得进步，已成为中国 5G 产业的重要区域之一。深圳软件园形成了从元器件、云网端到软件服务的较为完整的产业链条，吸引了华为、中兴通讯等行业龙头企业入驻，共同推动 5G 技术创新和产业应用，为中国乃至全球 5G 产业的发展做出了积极贡献。

2023 年，华为和中兴通讯在 5G 技术研发和商业拓展方面均取得了不错的成绩。据统计，2023 年华为以 30% 的市场份额位居全球电信设备市场首位。华为在 5G-A 部分关键技术上取得突破，并计划于 2024 年推出 5.5G 商用网络设备。据 Dell'Oro Group 的报告，中兴通讯的 5G 基站发货量连续 4 年保持全球第二。2023 年，中兴通讯加大了在算力业务领域的布局，推出了一系列支持 5G 及 5G-A 技术演进的创新产品和解决方案。

（二）信息安全

深圳软件园在信息安全行业的发展优势明显，具备持续创新和引领行业发展的潜力。除了华为、深信服、腾讯、任子行、易聆科、广道数字等信息安全领域的龙头企业外，深圳软件园还聚集了神盾信息、昂楷科技等新兴信息安全领域的特色企业。这些企业在大数据安全、移动安全、云安全等方面具有较强的增长潜力。

网络安全企业在技术创新、产品研发、解决方案等方面均取得了显著成绩。深信服创新推出"平台+组件+服务"的安全建设新范式，成为国内首家发布自研安全大模型"安全 GPT"的企业，并率先落地 SaaS XDR、SASE、MSS 等先进安全解决方案。在"2023 年网络安全优秀创新成果大赛"总决赛中，深信服研发的"基于 XDR 技术的新一代安全运营方案"荣获二等奖，彰显了其技术实力。任子行作为中国最早涉足网络信息安全领域的企业之一，持续推出具有自主知识产权的网络安全产品和解决方案，荣获"2023 年数据安全典型应用案例"称号，展现了其行业领先地位。广道数字聚焦于城市公共安全数字管理领域，凭借卓越的创新能力和行业影响力，荣获"2023 年度数字经济创新十大领航企业"称号。

（三）金融科技

深圳作为中国金融科技创新的重要策源地，其金融科技产业发展态势持续向好，深圳软件园内的金融科技企业表现尤为突出。传统金融 IT 企业转型升级成效显著，园区内怡化电脑、金证科技、百富计算机等传统金融 IT

领军企业应用新技术，利用其在银行、保险、证券等金融细分领域的深厚积累，逐步从传统金融 IT 服务商转型为以金融科技为核心竞争力的创新型企业，取得了显著成果。新兴金融科技企业快速崛起，以财付通、大数信科、乐信软件、威富通为代表的一批金融科技企业凭借在电子支付、风控、精准营销等方面的竞争优势，将移动互联网、人工智能等新技术与金融深度融合，推动金融行业变革创新。

其中，金证科技于 2023 年 4 月推出基于 ChatGPT 技术的智能助手——金微蓝 AI 运维专家，可在运维管理系统中实现客户咨询自动化处理、智能故障排除、流程管理自动化、报表自动生成等功能，有效提升金融运维智能化水平。财付通凭借在支付领域的技术突破，获评 2023 年"年度最佳科技创新支付机构"，其自主研发的"国产商用密码自研与改造方案"打破了国外技术垄断，在核心指标"签名算法每秒处理笔数"方面全球排名第一。

第十八章

中国（南京）软件谷

一、园区概况

中国（南京）软件谷自 2011 年成立以来，持续助力南京"中国软件名城"创建工作。中国（南京）软件谷定位于高端化、国际化、品牌化的发展方向，旨在建设全国领先的软件和信息服务业基地。

中国（南京）软件谷由北园、南园和西园 3 个功能园区组成，分别聚焦软件产业、超级云计算和互联网技术及电子商务等领域。这种多功能分区布局形成了"一条纽带、三条轴线、三个中心、三大板块"的空间结构，全面促进了软件产业的集群化和规模化发展。北园依托华为、中兴通讯、三星、荣耀、运满满等行业领军企业，打造具有全球竞争力的通信软件及移动智能终端产业研发基地，建设数据安全、互联网+、智能汽车软件等创新产业高地；南园以亿嘉和、航天科工 8511 研究所、豪威等行业龙头企业为支撑，建设科创城、牛首山人工智能产业园、总部经济园等特色园区，聚焦发展工业软件、机器人、空天一体、智能装备等"数实融合"新业态；西园依托创业创新城，围绕智慧城市、智慧交通、智慧家居等领域，重点打造以软硬结合为特色的都市工业集聚区。

2023 年，中国（南京）软件谷软件业务收入 2810 亿元，占全市比重约35%，占全省比重约 20%；集聚涉软企业 4192 家，涉软从业人员 36 万，建成软件产业载体面积 1213 万平方米。软件谷拥有海内外上市企业 14 家，独角兽企业 2 家、培育独角兽企业 26 家、瞪羚企业 24 家；省级以上专精特新企业 78 家，其中国家级专精特新"小巨人"企业 11 家；国家高新技术企业892 家。软件谷还引进和培育了世界 500 强及世界软件百强企业 18 家，中国软件百强、中国电子信息百强及中国互联网百强企业 35 家，建成国家级众创空间、孵化器 10 家。

二、重点行业发展情况

（一）通信软件

　　软件谷内通信软件企业涉及业务范围广泛，包括通信协议开发、网络管理软件、移动通信应用、物联网平台等。谷内集聚了包括华为、中兴通讯、三星电子、亚信、中邮建、嘉环科技和欣网视讯等近 200 家国内外知名企业，这些企业在大型交换系统、数据网络、增值业务、下一代网络核心技术和通信解决方案等领域具有深厚的技术积累和市场影响力，不仅为国内的通信运营商、设备制造商提供了软件解决方案，还积极开拓国际市场，提升了中国通信软件行业在全球的竞争力。例如，作为全球领先的通信设备和解决方案供应商，华为在南京设立了研发中心，专注于通信技术的研发和创新。华为南京研究所主要从事基础研究和核心技术的开发，包括 5G、6G、人工智能、芯片等领域。此外，全球知名的通信设备和网络解决方案提供商中兴通讯也在南京设立了重要研发基地，主要从事通信网络、移动终端、物联网等领域的研发工作，不断推动通信技术的进步和应用。2023 年，中兴通讯紧跟运营商业务转型步伐及投资结构变化，保持在无线、有线领域的领先地位，5G基站、5G 核心网发货量连续 4 年全球排名第二，RAN、5G 核心网产品获行业领导者评级，光接入产品 10G PON 市场份额全球排名第二。

（二）云计算、大数据及信息安全

　　软件谷在南园建设了国内一流的超级云计算技术研发中心、产业拓展基地和服务示范窗口，重点打造超级云计算服务产业园。这里集聚了包括紫光、华软、云创存储、斯坦德等在内的云计算龙头企业，形成了一个集云计算基础设施、技术研发、系统集成、硬件产品制造、软件支持服务和市场运营等于一体的完整产业体系。在这些企业的共同努力下，软件谷已成为中国云计算和大数据领域的重要创新基地，极大地推动了相关技术的研发和应用服务的发展。在信息安全领域，软件谷同样表现出色，集聚了中新赛克、易安联、聚铭网络、博智安全、安讯科技等数十家网络安全企业。这些企业在网络安全技术和服务方面具有领先优势，并在多个领域取得了创新成果。

（三）互联网

软件谷聚集了大量知名互联网企业，形成了强大的互联网产业集群，涵盖了电商、在线服务、互联网金融、人工智能等多个细分领域。软件谷构建了完善的互联网生态系统，通过不断引进和培育高水平的创新团队和研发机构，推动互联网技术的创新和应用，提升行业的整体竞争力。在电商领域，软件谷集聚了诸如希音科技、满运软件等领先企业。这些企业在全球范围内拓展市场，推动了跨境电商的发展，并在物流、供应链管理和用户体验方面不断创新，提升了整体运营效率和市场竞争力。在互联网金融领域，云创存储、斯坦德等企业在云计算和大数据技术的支持下，为金融服务的数字化转型提供了坚实的技术保障。在人工智能和智能终端领域，谷内的亿嘉和、诚迈科技等企业在智能终端产品的研发和应用方面取得了显著成果，推动了智能家居、智能制造等领域的技术进步。中科创达等企业则在人工智能算法、机器学习和数据分析等方面具有领先优势，为各行业的智能化转型提供了重要支持。

（四）人工智能

2023 年，南京市政府出台《南京国家人工智能创新应用先导区建设实施方案》，以推动软件谷等重点园区人工智能产业集聚，培育一批人工智能领军企业，打造一批可复制、可推广的标杆型示范应用场景。软件谷已初步形成以华为、中兴通讯等领军企业及近百家中小企业为基础的人工智能产业集群，构建起形态较为完整的人工智能产业体系，成为南京重要的人工智能产业集聚区。一大批在细分领域具有较强竞争力的企业在软件谷先后涌现，如以诚迈科技、翼辉信息、润和软件等为代表的基础软硬件企业；以华捷艾米、浩鲸云计算为代表的智能软件企业；以硅基智能、伟思医疗等为代表的智能应用企业。这些企业不断集聚，完整覆盖人工智能产业链基础层、技术层、应用层。同时，一批人工智能产业公共服务平台先后投用，建成了以华为云、安讯智能云等为代表的智能开放共享平台；以雨花创客汇、度盈众瑞等为代表的众创空间；以江苏三维智能制造研究院、南京慧谷人工智能研究院、时代大数据网络安全技术与发展战略研究院等为代表的新型研发机构；以科拉德、睿悦信息、翼辉自主实时操作系统等为代表的公共技术服务平台。此外，软件谷大力引入人工智能领域企业和项目，华为南京人工智能创新中心落地软件谷；国内首个公共安全人工智能产业园——东南智盾明略人工智能产业园在此正式开园，吸引了明略科技等多家领军企业入驻。与此同时，软件谷与爱尔兰都柏林圣三一大学马丁院士团队等签约共建的南京中爱人工智能与生命科学研究院正式入驻；相继引入航天科工 706 信创产业园、统信软件华东区域总部等一批高端软件项目。

（五）集成电路

软件谷的集成电路产业涵盖了设计、制造、封测等完整的产业链环节，形成了从基础研发到终端应用的全方位产业生态系统。通过引进和培育高水平的创新企业，推动了集成电路技术的快速发展和应用，为国内外市场提供了强有力的技术支持和产品服务。在芯片设计方面，中兴微电子专注于移动通信、智能家居和物联网等领域的芯片研发，并不断推出高性能、高可靠性的芯片产品。园区内的紫光展锐作为国内领先的集成电路设计企业，致力于5G、人工智能和智能终端等领域的芯片研发，技术水平处于行业前列。2023年，紫光展锐智能手机芯片的全球市场占有率为 12%，逆势提升 1 个百分点，增长率优于行业内主要竞争对手。长电科技则在集成电路封测领域具备较强的竞争力，通过自主研发和并购重组，不断提升其在先进封装技术方面的能力，缩小与国际先进企业的技术差距。同时，长电科技坚持聚焦面向大算力、大存储等新兴应用解决方案为核心的高性能先进封装技术工艺和产品开发机制，推进战略产能新布局，进一步提升了在全球集成电路产业中的市场地位。

（六）信创产业

软件谷持续深耕信创产业，集聚了一批优秀企业，涵盖基础软件、硬件设备、网络安全、云计算等多个领域。在基础软件领域，统信软件专注于操作系统和办公软件的研发与推广，其产品已广泛应用于政府和企事业单位。龙芯中科则是国内领先的处理器设计公司，致力于自主研发高性能处理器芯片，为信创产业提供了坚实的硬件基础。2023 年 8 月，中国（南京）软件谷在国际软件产品和信息服务交易博览会数字经济重大项目签约活动中与诚迈科技计划达成合作。该计划围绕国产操作系统，引入信创产业链上下游资源，包括芯片与智能硬件、应用与业务软件、信息安全等相关企业，建设信息技术应用创新产业平台。

第十九章

上海浦东软件园

一、园区概况

上海浦东软件园成立于 1992 年，是全国最早成立的软件园之一，也是上海乃至全国的软件产品、技术和人才的集散地，自成立之初就承载着推动中国软件产业发展的重要使命。在各级政府、中国电子和张江集团两大股东的支持和带领下，截至目前已形成郭守敬园、祖冲之园、昆山园、三林园、嘉兴园、临港园等多园区跨区联动、深度融合的发展格局。经过三十余年的发展，上海浦东软件园已形成数字算力、数字算法、数字应用、数字服务等四大领域为主导的数字产业生态图谱，构建了比较完整的上下游产业链，园区产业特征清晰、技术创新活跃、人力资源优秀、服务功能完善、辐射范围广泛、集聚效应显著。与此同时，上海浦东软件园按照"创新驱动、转型发展"的思路，建立以龙头企业为主体、产学研联合的发展机制，形成了需求牵引、创新应用的发展模式，在信创、元宇宙、工业软件等领域的产业布局也在持续加快。

2023 年，园区发展取得新突破。在产值方面，园区总产值突破 1000 亿元，同比增长 11.6%，占上海软件和信息服务业收入的 6.23%。在企业培育方面，大中小企业共荣共生，累计培育引进企业约 4000 家，园内营业收入过亿元企业近 70 家，高新技术企业 150 余家，专精特新企业近 100 家。在创新方面，园内企业创新氛围活跃，园内专利、软件著作权、著作权总数同比增长 13.13%，2023 年新增三项知识产权数共计 2698 件。在品牌塑造方面，上海浦东软件园荣获"国家软件产业基地""国家软件出口基地""国家数字服务出口基地""国家新型工业化产业示范基地"等多项国家殊荣后，持续聚焦推动软件产业高质量发展的主线，不断强化园区内产业发展布局和资源配置，形成了强大的创新能力和发展后劲。在 2024 年 4 月，由中国软件行业协会主办的第三届中国国际软件发展大会上，上海浦东软件园再获殊荣，获评"2023 年中国最具活力软件园"称号。与此同时，上海浦东软件园还积极推动与相关兄弟单位的战略合作，不断加快优势互补。

二、重点行业发展情况

（一）工业软件

上海浦东软件园已构筑起全面且多元化的工业软件产业布局，已形成全矩阵、多链路的工业软件产业发展模式，涵盖研发设计、生产管理、生产控制、协同集成和嵌入式工业软件等多个关键领域。目前，园内已集聚众多国内外优秀的工业软件企业，如 SAP、ABB、达索、欧特克、宝信软件、霍莱沃等，共同构建了充满活力的工业软件产业生态，为上海地区工业软件的持续发展奠定了坚实基石。

作为"云时代新型中国企业赋能者"，SAP 致力于利用商业 AI、云计算、可持续发展等领域的最前沿解决方案。SAP 中国研究院于 2006 年入驻上海浦东软件园祖冲之园，成为该园首家入驻企业。2023 年 6 月，在 SAP d-com 2023 活动期间，上海浦东软件园与 SAP 中国研究院正式签署合作备忘录，共建大企业开放创新平台。青翼工业软件于 2020 年入驻上海浦东软件园，是新一代高质量体系化自主工业软件的供应商，专注于为高端研发制造型企业提供以青翼 CAD 为代表的青翼工业软件矩阵、行业化的数字化转型和智能制造创新服务解决方案，在"第 13 届中国智能制造高峰论坛暨第 21 届中国智能制造岁末盘点颁奖典礼"上，青翼工业软件荣获"2023 年度智能制造解决方案——杰出供应商""2023 年度智能制造优秀推荐产品——青翼创成式机加智能工艺软件""2023 年度智能制造优秀推荐产品——配方驱动的流程行业研发数字化解决方案"3 项大奖。东欣软件聚焦船舶工业需求，为国内船舶行业打造符合行业需求、具备行业特色的国产化工业软件。2023 年 12 月，在第三届国有企业数字化转型论坛上，东欣软件的"船舶全三维设计系统 HDSPD"入选国有企业十大数字技术成果榜单，该系统突破了多项关键核心技术，实现对异构系统、智能装备的集成，荣获多项省部级荣誉，已应用于国内 230 余家船舶企事业单位的上千艘船舶，构建了船舶 CAD 软件发展生态，在船舶工程、海洋平台、钢结构、化工管道等行业领域具有广阔的市场前景。

（二）人工智能

上海浦东软件园持续发挥产业集聚优势，依托产业资源与良好创新生态，聚焦人工智能产业前沿，打造上海浦东软件园临港 AI 创新园，培育人工智能特色产业集群，着力招引了一批产业层次高、创新能力强的科创型企业。截至 2023 年底，临港 AI 创新园成功引进企业 54 家，去化面积近 12000 平方米，园区当年去化率近 30%。目前，临港 AI 创新园成功招引观安信息（AI+数据安全）、亿通国际（AI+电子口岸大数据）、锵玫人工智能（AI+机器人）、浏青科技（AI+智能降噪）、芯浦科技（数模混合芯片）等一批人工智能领域高成长企业，初步实现人工智能产业集聚，创业活力迸发。

在上海浦东软件园，达观数据、森亿智能和飞腾公司等优质企业潜心研发，将技术落地于具体应用场景，打造大模型应用新范式。作为全球领先的文本智能处理专家，入驻上海浦东软件园的达观数据于 2023 年 3 月正式公布研发"曹植"大模型后，经过不断创新，相继推出曹植私有化大模型一体机和曹植大模型最新落地的产品——新一代智能知识管理系统。目前，相关产品已在金融领域 AIGC（人工智能生成内容）多场景投入应用并将在未来持续赋能金融、政务、制造等多个垂直领域。森亿智能自主研发的病历生成式语言模型，可根据患者的信息并跟随医生思路自动灵活扩写病历，包括病情描述、鉴别诊断、治疗方案等信息，边写边生成，无须选择病历模板即可轻松完成病历生成。作为由飞腾腾云 S2500 和国产 GPU 厂商信创算力服务器协同打造的创新应用，"航旅大模型"以语言大模型为基础，结合民航特色语言知识库，通过大模型训练、行业场景微调、行业场景对齐和大模型运行推理等技术创新，实现多主体、多场景、多阶段知识体系构建，为客户提供更加个性化的服务，在"2023 信创'大比武'活动"中荣获"民航业务支撑技术创新应用赛道"三等奖。

（三）元宇宙

上海浦东软件园是张江数链（元宇宙）特色产业园区的核心承载区，始终积极抢抓元宇宙新赛道布局，通过引进培育元宇宙产业头部"链主"企业和潜力新兴企业，加快推动元宇宙领域关键技术攻关突破，围绕元宇宙人工智能、区块链、人机交互、物联网、网络及运算、三维引擎六大关键技术，集聚了一大批"软硬结合、虚实融合"的龙头企业。截至 2023 年 11 月底，园区入驻元宇宙相关特色企业 500 家，元宇宙产业规模达 330 亿元。

依托产业资源和良好的创新生态，上海浦东软件园持续助力元宇宙产业加速场景化、规模化落地。2023 年 11 月，上海浦东软件园联合产学研相关单位举办 2023 张江数链（元宇宙）创新大赛，旨在搭建元宇宙产业共创共享平台，展现元宇宙相关技术对生产生活的赋能价值，以场景建设带动元宇宙技术与产品落地应用，为元宇宙产业高质量发展注入蓬勃动力，加速元宇宙产业场景化、规模化落地。

第二十章

成都天府软件园

一、园区概况

成都天府软件园作为国家软件产业基地之一，具备国家级科技企业孵化器和国家创新人才培养示范基地的资质，是首批"国家数字服务出口基地"和"国家备案众创空间"，拥有"最具活力软件园""年度高质量发展园区""中国软件和信息服务业领军产业园区"等多个荣誉称号。

园区通过"一园多点"的发展策略，包含天府软件园、AI 创新中心、瞪羚谷·数字文创园和创业场等多元化空间布局，积极吸引国内外知名企业入驻。园区建筑面积约 130 万平方米，入驻企业 800 余家，从业人员约 70000 人。其中，园区核心区吸引了包括 IBM、SAP、飞利浦、马士基、西门子、爱立信、Dell、阿里巴巴、腾讯、普华永道、NCS 和 Garmin 等在内的众多国际知名企业。同时，园区通过打造"5C"创业培育计划，为企业提供资金、人才、圈子、市场和创业辅导的全方位支持，成功孵化了极米、医联、拟合未来、百词斩、美幻科技、咕咚、tap4fun、TestBird、狮之吼、鲁大师、理想境界、麦麦养老、精位、晓多、博恩思等众多国内外领先的企业和产品。

在服务体系方面，天府软件园定期组织天府人才行动系列活动，累计帮助企业招募超过 5 万人次。园区内设立了大讲堂培训平台，每年培训学员超过 10 万人次，以提升企业的人才素质。园区还建立了包括企业服务、人才服务、创业孵化、公共技术平台、品牌服务、虚拟园区、海外拓展及金融服务在内的八大园区服务体系，全面助力入驻企业的成长与发展。

二、重点行业发展情况

（一）IC 设计

成都天府软件园为 IC 设计行业的发展提供了多种形式的支持，包括优惠的办公场地租金、研发补贴、人才培训和知识产权保护等。当前，成都天府软件园吸引了大量 IC 设计企业入驻，涵盖芯片设计、EDA 工具开发、IP 核设计、系统集成等多个领域。

中芯国际于 2023 年获得了中国合格评定国家认可委员会（CNAS）认可证书，这是对其在车载芯片可靠性专项检测方面的认可。中芯国际在先进制程技术方面取得了重要突破，成功开发出 7 纳米工艺，并应用于华为最新旗舰手机 Mate 60 Pro 中。华大半导体在中国半导体行业协会评选中获得了"最具创新力企业奖"，该公司在 2023 年推出了新一代存储芯片，显著提高了数据传输速度和能效比，被广泛应用于高性能计算领域，截至 2023 年底，华大半导体的最新存储芯片已被应用于超过 1000 万台智能设备中。成都微光集电科技有限公司入选第五批国家级专精特新"小巨人"企业，该企业是上海集成电路研发中心（ICRD）子公司，专注于互补金属氧化物半导体（CMOS）图像传感器领域，主要产品应用于安防监控、车载、智能制造、智能交通、智能物流、机器人、AR/VR、半导体装备等领域，为图像大数据时代提供优质的传感器芯片，为人工智能提供感知世界的"芯眼睛"。四川科道芯国智能技术股份有限公司（科道芯国）是国家级专精特新企业，提供高集成安全移动支付芯片设计、支付终端制造及行业 IC+IT 解决方案，具备国密、商密等高安全资质认证，是西部地区唯一拥有国际运营商和物联网高安全 GSAM SAS、国际金融高安全 VISA 和 MasterCard、银联高安全认证资质的国家级高新技术企业，其黑晶芯 Inside 系列产品能同时实现身份识别、安全移动支付、位置服务、一"芯"多应用，广泛应用于通信、金融、公安、社保、交通、教育、医疗等领域。

（二）人工智能

成都天府软件园 AI 创新中心是聚焦人工智能、5G、云计算、车载智能等产业领域的专业园区，其中一期已聚集百度、中移（成都）产业研究院、新华三成都研究院、中科创达西部总部等数十家知名企业；二期已招引相关产业"链主"及其上下游企业十余家，将针对人工智能、车载智能系统、电子信息、量子计算等特色领域持续吸引国内外优质企业入驻。

科大讯飞在成都天府软件园设立了西南研究院，专注于语音识别、自然语言处理和智能语音技术的研发。商汤科技作为全球领先的人工智能平台公司，也在成都天府软件园设立了人工智能研究院，主要专注于计算机视觉和深度学习技术的研发，其于 2023 年推出的 SenseNova 大模型体系应用于自然语言处理、图片生成、自动化数据标注等多个领域，大幅提升了 AI 技术在实际场景中的应用能力。第四范式也在成都天府软件园设立了研发中心，致力于提供企业级人工智能解决方案，其技术覆盖机器学习、大数据分析和 AI 平台服务，包括 AutoML 和迁移学习等，通过提供智能化的决策支持系统和精准的行业解决方案，帮助企业实现数字化和智能化转型，提升运营效率和市场竞争力，广泛应用于金融、零售、医疗等行业。成都与睿创新科技有限公司是一家致力于用人工智能技术赋能外科的科技企业，聚焦 AI 外科垂直领域，持续积淀和积累技术实力，目标是打造世界领先的人工智能数字外科平台。该公司从 2019 年创业之初便入驻园区，先后获评国家高新技术企业、成都市"四派"人才企业，其产品已陆续在省内外多家医院落地，产品价值得到多方认可。

（三）数字娱乐

《成都市数字文化创意产业发展"十四五"规划》提出"全力打造中国最适宜数字文创发展城市，推出一批形象特色鲜明、吸引力强的数字文创产业园区（基地），建成一批创新示范、辐射带动能力强的数字文创产业重大项目和平台，建成一批业态集聚、创新效应凸显的数字文创现代产业集群"。成都天府软件园积极响应，推动数字娱乐企业之间的合作与交流，现已成为全国知名的数字娱乐产业集群。

近年来，成都天府软件园聚焦游戏开发、游戏运营、电竞赛事等重点环节，加快推进游戏电竞产业高质量发展，目前已聚集腾讯、西山居、乐狗等一批代表企业，并签约落地腾讯新文创总部、完美天智游、IGG、青瓷游戏等一批重大项目，诞生了《王者荣耀》《万国觉醒》《梦幻新诛仙》等现象级作品。2023 年，网易雷火艺术中心也正式入驻瞪羚谷·数字文创园。四川省游戏创新发展中心也入驻该园区，为企业提供技术研发支持、创作生产引导、出版预审监管以及市场运营、主体培育等一站式服务。字节跳动在成都设有技术研发中心，主要负责算法优化和产品创新，不断提升用户体验和内容分发效率。完美世界在成都天府软件园设有研发中心，专注于新游戏开发和现有游戏运营，如《完美世界国际版》《诛仙》《赤壁》等。暴风集团也在成都天府软件园设立了 VR 技术研发中心，致力于 VR 内容和设备的开发。

第二十一章

山东齐鲁软件园

一、园区概况

　　齐鲁软件园成立于 1995 年，是我国成立最早的"四大软件园"之一，先后获得"国家火炬计划软件产业基地""国家软件产业基地""国家软件出口基地""国家新型工业化产业示范基地""国家数字服务出口基地"等二十余项国家级荣誉和认定。成立近三十年来，齐鲁软件园在软件和信息技术服务业领域，全力营造产业生态，组织企业聚集发展，走出了一条"科技立园、软件兴业"的产业发展之路，已成为济南"中国软件名城"的产业策源地，是我国北方尤其山东省软件产业发展的主要支撑园区。齐鲁软件园连续两年被中国软件园区联盟授予"年度创新活力园区"称号，2023 年获评首批山东省软件名园。

　　齐鲁软件园已建成特色产业楼宇 300 余座，总建筑面积超过 1000 万平方米，软件从业人员逾 20 万，区域内注册企业超过 8 万家，其中软件和新一代信息技术企业近 2 万家，初步形成了行业应用软件、基础软件、工业软件、新兴平台软件齐头并进的软件产业格局，在产业规模、创新能力、产业生态等方面取得了长足发展。

二、园区发展情况

（一）重点行业布局

　　行业应用软件：聚焦行业软件的融合应用，在政务、航空、交通及能源、医疗、智慧城市等"3+3+N"重点行业应用领域，大力发展面向多领域的行业应用软件系统和智能解决方案，培育出浪潮、高速信联、亿云信息、金现代、众阳健康、兰剑智能、山大鸥玛、麦港数据、锋士信息、鲁软科技、航天九通等一批典型行业应用软件企业及浪潮政务云、政务大数据平台、"鲁电链"平台、中国数字人解剖系统、浪潮城市大脑、物流信息系统、考试与测评信息系统等一批典型行业应用软件产品，形成以行业应用软件为主导优势的特色化发展格局，推动相关软件企业做大做强。

工业软件：聚焦产业发展协作、分工精细化、融合普遍化，不断拓宽上下游、纵横向、左右链发展空间，以工业软件生态赋能工业数字化发展。浪潮 PaaS 平台 iGIX、大型企业智能 ERP 平台 GSCloud、中小企业智能 ERP 平台 inSuite，提供人力云、财务云、协同云等经营管理数字化服务。山大华天的 CrownCAD 是国内首款、完全自主的新一代云 CAD 产品，具有完全自主的"三维几何建模引擎 DGM"和"几何约束求解器 DCS"内核技术。概伦电子拥有制造类 EDA、设计类 EDA、半导体器件特性测试系统和一站式工程服务解决方案等，在 EDA 领域拥有核心技术，在纳米级半导体器件建模、千兆级超大规模电路仿真验证、集成电路良率导向设计等领域达到世界领先水平。山东新松自主研发的"跨域工业控制软件平台"有效解决了生产控制系统面临的多控制平台、多编程语言、多接口标准等无法互联互通，难以统一部署的行业痛点。

基础软件：在重点领域聚力攻关，着力构建集硬件、软件、应用和服务于一体的基础软件生态体系。瀚高数据库管理系统入选国资委年度十大技术成果榜单，已与 1500 余家上下游生态伙伴的 3000 多款产品完成兼容适配互认。浪潮 KaiwuDB 是业内首款"面向 AIoT 的分布式多模数据库"产品，独立研发高性能时序引擎，灵活部署机器学习引擎，将传统多个不同类型数据库的功能充分融合，实现"一库多用"。乾云云操作系统是国内唯一通过全部安全认证并支持国产芯片的云操作系统，已达到国际先进、国内领先水平，打破美国垄断封锁，实现云计算领域核心基础软件的国产替代。金现代轻骑兵低代码开发平台在可视化快速开发、二次开发、集成与扩展、信创支持等方面优势显著，已通过中国信通院低代码产品测评。

新兴平台软件：浪潮天元数据网是国内最大的数据交易平台之一，浪潮政务云连续 8 年稳居中国政务云服务市场占有率第 1 位，浪潮云洲工业互联网平台连续 4 年入选国家级双跨平台，位居全国第 4 位。山信软件自主构建的工业互联网平台，将人工智能、大数据应用、5G、工业机器人等新一代信息技术与先进制造业深度融合，打造钢铁行业智能制造示范产线，形成了先进的智能制造系统解决方案，培育若干智能制造数字化产品。万腾腾云工业互联网平台构建了以"平台总体架构、平台产品与服务、智能制造、工业大数据"等四大板块为核心体系，以"工业互联网+智能制造"为支撑的自主可控的工业互联网技术体系和产业体系。丽阳神州通过自主研发的家政企业管理云服务平台、职业技能在线培训云服务平台、考务一体化云服务平台，打造了家庭服务行业数字化平台。

（二）园区服务体系

齐鲁软件园根据软件产业发展特点，聚焦"人才、企业"两大主体，不断完善服务体系，通过一流的政策支持、载体建设、平台服务、金融服务、人才服务凝聚发展合力，形成了"产业链、人才链、创新链、资金链"四链融合的新局面。

规划引领发展：一是落实《新时期促进集成电路产业和软件产业高质量发展的若干政策》《"十四五"软件和信息技术服务业发展规划》《山东省支持数字经济发展的意见》《济南市加快软件名城提档升级促进软件和信息技术服务业发展的若干政策》等有关软件和信息技术服务业政策措施，对企业规模发展、产品创新、资质创新、场景应用、攻坚基础软件、建设开源生态等方面予以企业支持。二是组织编制《齐鲁软件园"十四五"发展规划》《中央科创区建设行动计划》等多项产业规划，为园区软件产业高质量发展谋篇布局。

基础设施完善：一是已建成特色产业楼宇 300 余座，载体面积超过 1000 万平方米，形成了创业苗圃、孵化器、加速器、专业园区的产业载体阶梯，满足企业在创意、创业、成长、成熟不同发展阶段的办公需求。二是汇聚联通省公司、电信省公司等运营商资源，建有国际互联网数据专用通道，实现园区企业到北上广互联网国际关口局的直达数据链路，园区无线网络 WLAN 和 5G 网络实现全覆盖。三是拥有中国移动（山东济南）数据中心、济南联通三枢纽数据中心、国家超级计算济南中心高新区数据中心、济南电信枢纽楼数据中心、浪潮第四代云计算中心、国家北斗导航位置服务数据中心山东分中心等较大规模的数据中心 13 个，数据中心规模集聚效应凸显。

平台赋能发展：一是拥有工业和信息化部协同攻关和体验推广中心及国家软件与信息服务公共服务示范平台、大数据产业公共技术支撑服务平台、国产 EDA 高性能研发平台等 16 个国家级公共服务平台，为企业技术创新提供系统专业的技术支撑。二是建设山东省知识产权公共服务平台（山东齐鲁知识产权交易中心）、航芯院信创适配平台、山东省数据交易公司等服务平台，服务多家园区企业。三是拥有省级及以上孵化器和众创空间 22 个，创新创业氛围浓厚。四是拥有国家网安试验区（济南高新区）融合发展联盟、国际合作联盟等多个企业联盟组织，推动园区企业深度交流合作。

产融深度合作：依托全国首个科创金融改革试验区，高标准建设中央科创区（CTD），获批济南唯一省级创业投资集聚区。园区集聚总部金融机构 50 余家，地方金融组织 270 余家。园区建立了金融组织级创业投资集聚代金融服务体系，聚集了银行、保险、证券等传统金融业态及财务公司、融资租赁、商业保理、股权投资等新兴金融业态。构建"数字赋能、服务实体、募多退畅、双向开放"的全周期全链条金融服务体系，高标准建设科创金融大厦、成立科创投资集团、引入科创金融银行、设立科创金融辅导站等科创金融发展支撑要素，为园区企业提供专业化科创金融服务保障能力，促进金融、科技、产业深度融合。

人才保障有力：一是拥有获得省级及以上奖励的高端人才 110 余人，带领园区企业实现新突破。二是推动校企产教合作，园区参与产教合作企业 100 余家。齐鲁软件园与山东大学携手建立国家示范性软件学院——齐鲁软件学院，实施"校企人才对接工程"，已有超过 38 所院校加盟。三是完善人才服务体系，创新开展骨干人才培养等工作，推动校、企、园合作，打造定制式专业人才培养体系。齐鲁软件园已建成工业互联网创新发展公共实训基地、工业软件公共实训基地等 10 余个公共实训基地，累计培育 4 万人。

第二十二章

武汉软件新城

一、园区概况

武汉东湖国家级自主创新示范区建设规模约 320 万平方米,力争于 2025 年全面建成,项目建成后将成为中部地区最大规模、最具国际化特色的 IT 服务基地之一。园区于 2015 年获得"湖北省服务外包示范园区"认定,2017 年被授予"武汉市服务贸易创新发展示范基地"称号,2018 年获批为"武汉市首批新民营经济创新发展区""东湖高新区数字经济产业园",2019 年获批为"武汉市现代服务业(软件信息)集聚区""湖北省版权示范园区",2020 年获批为"湖北省服务业'五个一百工程'示范园区""武汉市版权示范园区",2019、2020、2021 年连续获批为"中国数字服务暨服务外包领军企业"。2022 年获批为"武汉市专利导航发展试验区(软件信息)""湖北省小型微型企业双创示范基地",2023 年获得"武汉市数字经济示范园区""武汉市知识产权基层工作站""武汉市科技金融工作站"称号,2024 年被授予"武汉市创新创业小镇"称号,将继续发挥优势示范效应。

目前,园区共汇聚软件企业 462 家,软件从业人员 6 万人,软件研发人员总数近 5 万,产业实力稳步增强。其中,明源云科技、开目信息等营收过亿元重点软件企业数量近百家,参与市级及以上基础软件、工业软件创新联合体的企业数量 17 家,汇聚开目信息、天耀宏图等 6 家省级隐形冠军企业,必盈生物、极目智能 2 家省级以上单项冠军企业,海沁医疗、凌极科技等 21 家瞪羚企业;还有如必盈生物在内的 40 余家金种子、银种子企业,65 家高成长性软件企业,以及楚星光纤、迈异信息等 33 家国家级专精特新"小巨人"企业。园区规上软件企业平均研发投入强度为 7%,过去 3 年间持续保持上升势头，园区软件专利及著作权数量 1.2 万个。

二、重点行业发展情况

（一）基础软件

园区集聚 IBM、微软等海外知名企业国内分支公司，依托安天信息、极狐等国内重点软件企业，广泛布局数据库、操作系统、中间件、办公软件、网络安全软件和开发工具等领域，初步形成了产业规模优势。2023 年，园区武汉安天信息技术有限责任公司研发的"移动终端恶意代码智能检测技术应用"入选湖北省首批数字经济典型应用场景名单，"5G 在医疗健康领域的典型应用"上榜武汉市 2023 年数字经济应用场景"揭榜挂帅"榜单。极狐作为全球著名编程开源开发平台 Gitlab 的合作公司，推出了"极狐 GitLab 一体化安全 DevOps 平台"，为企业客户的数字化转型落地提供安全、高效的本地化产品和服务，收获了来自互联网、AI、医疗、汽车等多个行业超过 300 家标杆客户，同时为数百万中国程序员提供服务。

（二）工业软件

园区已构建研发设计类、电子设计自动化、工业过程控制类、生产管理类、经营管理和运维服务类等全流程工业软件供应能力，汇集了赛意软件、开目信息、天喻软件等大量国内代表性工业软件服务厂商和西门子、美的集团等国际知名企业，并形成了工业互联网、工业 APP 等新型工业软件研发制造能力，形成了主导产业优势。2023 年，赛意软件在湾区数字经济与制造业创新发展论坛上，作为唯一数字化转型行业合作伙伴，获颁"2023 数字领军奖"；2023—2024 年，园区开目信息总部扩增 PLM 创新中心，顺利通过 CMMI5 和 ISO 20000 认证，推出三维制造成本分析与估算软件产品 3DDFC，开目软件 KMPLM CLOUD 入选"2023 年湖北省工业软件十大优秀应用案例"。

（三）生命健康

在生命健康领域，园区联结源启科技、中科迈德等骨干企业，覆盖 BT+IT 融合、药物开发软件、智能医疗软件等重点领域。源启科技 2023 年推出智慧医院建设微应用低代码开发平台，打造"超级移动医生系统"，源启科技健康湖北案例获评"中央党校最佳实践案例"荣誉称号，"源启医院外联业

务中台系统"荣获"第十届湖北省优秀软件产品奖"。

（四）智能网联

　　园区依托华为研究所、高德红外、韦尔股份、光昱智能、中兴通讯、华阳集团、中信科等骨干企业布局汽车感知系统、决策系统、执行系统、智能座舱、自动驾驶、汽车应用软件、车联网等重点领域。高德红外 2023 年推出 TIMO 系列晶圆级微型红外模组，正式搭载三防手机产品，实现红外热成像消费品化，获评 "第四届湖北改革奖（企业奖）""2023 年湖北省道路交通安全协同共治公益单位""武汉民营企业 100 强""武汉民营制造业企业 50 强""民营企业科技创新 50 强"等荣誉。迈异信息用"AI+云"拉起产业链、创新链、应用链、价值链和生态链的五链融合，在 2023 年推出迈异云人工智能生态运营平台火柴人 APP，持续迭代"云系"标准产品、"天系"软件系统，在 2024 年湖北软件产业大会上入选"湖北省首批人工智能企业"。

第二十三章

青岛数字经济产业园

一、园区概况

　　青岛数字经济产业园（原为青岛软件园）是青岛软件产业的发源地和集聚区，是国内少有的地处城市中心区域、核心地段的产业园区，曾入选"国家火炬计划软件产业基地"及管理先进单位，被授予"国家欧美软件出口示范基地""全国先进科技产业园""国家科技企业孵化器""国家新型工业化产业示范基地"等荣誉称号。青岛数字经济产业园运营的市南软件园，荣获"省级软件产业园区""山东省数字经济示范园区""山东省软件名园""青岛市数字产业集聚区""青岛市现代服务业集聚区（数字信息类）""山东省特色服务出口基地""开放原子开源基金会白银捐赠人"等多项荣誉称号。

　　2023 年，园区数字经济核心产业规上企业总收入 17 亿元，同比增长29.5%。截至2023年1月底，市南软件园已入驻企业243家，入驻率达97.80%，从业人员超过 8000 人，累计培育出上市、挂牌企业 17 家，现有高新技术企业 26 家，专精特新企业 20 家，国家级专精特新"小巨人"企业 3 家，涌现出鼎信、雨诺、积成、松立、金东、优创等一大批行业龙头企业。在省级数字经济园区年度评定中，园区提升 6 位，位列成长型数字经济园区的第 3 位。

　　市南区委区政府致力于对园区进行业态置换和特色楼宇培育，打造数字经济产业创新园，形成功能互补、链条完整的数字经济产业集群，促进东西部均衡发展，提升城市的整体功能品质。

二、重点行业发展情况

近年来,青岛市南软件园紧扣数字经济产业定位,以打造"中国智谷"为目标,以数字产业化为主攻方向,以数据价值化为关键要素,以产业数字化和数字治理为辅助支撑,打造包括集成电路、软件服务、元宇宙内容生态在内的数字经济产业体系,不断促进产业集群化,夯实数字经济先发优势。

(一)集成电路

园区大力发展集成电路产业,先后投资 3000 万元建成全省第一家集成电路设计公共服务平台,为用户提供完善的软硬件服务及孵化环境,目前已集聚博晶微电子、智腾微电子等 10 余家设计企业,华翔半导体等封装测试厂商,引进山东省第一条 6 英寸模拟晶圆芯片生产线,集成电路产业集群由芯片设计向制造、封装、测试等方面转换,初步形成了良好的发展态势。目前,园区已成为国内最大的集成电路研发生产基地之一。

此外,园区不遗余力地推进人才培养和引进工作,致力于培养一批高水平的集成电路人才,为企业的发展提供坚实可靠的人才基础。园区拥有一支具有较高理论水平和实践经验的人才队伍,包括多名院士专家,已成为国内知名的集成电路技术研发中心之一。政府也出台了一系列扶持政策,以吸引更多的集成电路企业和资本进入园区,推动集成电路产业的蓬勃发展。

(二)软件服务外包

作为青岛市最早的软件产业的发源地和集聚区,青岛数字经济产业园充分发挥在软件服务领域底蕴深厚的优势,积极开展了面向日本、欧美的软件研发和 IT 服务外包业务。目前,园区已聚集一批日资软件企业,如日本软脑、创迹、宇通系统、大手海恩等;多家欧美软件服务外包企业如美国优创、加拿大赛得、瑞典拓讯、英国斯邦等也已经在青岛数字经济产业园落户。

中国本土企业如鼎信、雨诺、积成、松立、金东、海尔等不断提升服务能力。例如,松立集团多年来深耕智慧交通行业解决方案,是全国领先的智慧场景综合运营与技术服务商,也是我国最早从事城市级集静态交通投资、研发、建设、运营等服务于一体的专业厂商之一。松立集团深耕静态交通主业，不断提高创新能力，在产品研发、生态运营开拓、场景应用打造等方面发挥民营领军标杆企业作用，2023 年被评为"青岛市民营领军标杆企业"。

（三）元宇宙

青岛元宇宙产业创新园区，于 2022 年 9 月从青岛国际动漫游戏产业园升级改造而来。园区以"创意·体验·融合·共享"为核心定位，着力打造集研发、孵化和展示于一体的综合性文化产业平台。自成立以来，园区吸引歌尔丹拿全球总部落户，给予启动目标不低于 5 亿元的元宇宙产业发展种子基金，充分借助歌尔丹拿在高端汽车音响、智能座舱科技、高端 Hi-Fi（高保真）音响、消费类音频等视听设备上的优势赋能元宇宙产业发展。此外，字节跳动、腾讯、北京游戏学院、高路动画、四维空间、星动数码、灵镜数码、美天网络等十余家知名动漫网游企业现已入驻。2023 年，园区举办了多项元宇宙活动，包括元宇宙创新高峰论坛暨燧光 2023 年度"无限·X"全国首发仪式、"挑战者杯"元宇宙开发者大赛，建立了 45 个优质项目的储备库，加快吸引集聚元宇宙产业资源要素，展现出广阔的发展前景。

第二十四章

厦门软件园

一、园区概况

　　厦门软件园始建于 1998 年，是厦门软件产业的发源地和孵化基地。创建以来，园区先后入选"国家火炬计划软件产业基地""国家数字服务出口基地"，获评"全国首家软件开发国家引进外国智力示范单位""国家小型微型企业创业创新示范基地""国家级优秀科技企业孵化器""中国领军智慧园区""省级数字经济示范园区""2023 年度高质量发展园区"等荣誉，有效助力厦门软件产业发展。

　　当前，厦门软件园已实现"千亿园区"目标。数据显示，厦门软件园 2023 年规上互联网软件业实现营收约 400 亿元，同比增长 24%；园区累计注册企业超 1.2 万家，员工超 7 万人。厦门软件园拥有国家级众创空间 20 家，省级以上双创示范基地 4 家，省级新型研发机构 9 家，企业技术中心 15 家，工程技术研究中心 19 家。园区在大陆建立专业孵化器及在台设立离岸孵化器，加强海峡两岸的沟通及联系。

　　经过二十余年的发展，厦门软件园已形成一期、二期、三期有机联动，岛内、岛外一体发展的良好格局。厦门软件园一期兴建于 1998 年，占地 9.9 公顷，毗邻厦门大学，园区拥有完善的硬件和商务配套设施，聚集了 1.8 万余名各类人才，目前存续企业超过 1600 家，代表企业有美亚柏科、华为技术、腾讯科技、今日头条、四三九九、美图、美柚、瑞为技术等。

　　厦门软件园二期建成于 2007 年，占地 102.8 公顷，主要涉及软件开发及动漫游戏等行业，临近厦门国际会展中心。园区划分为 4 个功能区（动漫游戏区、IC 设计和软件研发区、嵌入式软件和增值服务区、配套服务区），是国家新型工业化产业示范基地、国家动画产业基地、国家软件与集成电路人才国际培训基地。

厦门软件园三期已形成五大行业细分领域，包括大数据人工智能、数字创意、电子商务、智慧城市与行业应用、移动互联，五大行业细分领域相关行业企业占园区企业的 80% 以上。

二、重点行业发展情况

园区已形成大数据人工智能、数字创意、电子商务、智慧城市与行业应用、移动互联五大行业细分领域齐头并进的产业格局。培育了美亚柏科、咪咕动漫、亿联网络等一批国内第一乃至世界第一的企业，吸引了华为开发者创新中心、腾讯优图 AI、赛意、算能、麒麟软件、恒业影视等高能级项目入驻园区。

（一）大数据与人工智能

厦门高度重视人工智能行业发展，积极出台多项政策，着力打造人工智能标杆城市。厦门软件园作为人工智能集群发展的重要着力点，已形成从基础层、技术层到应用层的完整产业链，汇聚了一批业内领先的企业，如美亚柏科、渊亭科技、网宿科技、南讯软件、雅迅网络、绿网天下、汇医慧影、英视睿达、农信互联等，为人工智能的研究和发展提供了强有力的支持。

2024 年，园区中的渊亭科技、快商通、瑞为技术、云知声 4 家企业入选"2024 全国'人工智能+'行动创新案例 100"；国投智能（美亚柏科）以自主技术乾坤大数据操作系统为技术基座，开发电子数据取证、公共安全大数据等网络空间安全产品，成功入选"2023 年度中国企业新质生产力优秀案例"；渊亭科技凭借强大的人工智能全栈技术能力，将 AI 技术引入国防、金融、政务、工业互联网等领域，实现了丰富的应用场景落地，弥补了多个领域、多种业务场景空白，入选"2023 中国 AI 应用场景 TOP100 榜单"。

此外，2023 年 10 月 13 日，设在厦门软件园三期 F 片区的福建省人工智能产业园厦门园区正式揭牌，规划用地面积 1.05 平方公里，研发楼面积 95.3 万平方米，将重点依托厦门市"4+4+6"现代化产业体系，大力拓展应用场景，打造无人驾驶、智慧安防、智慧交通、智慧医疗等优势和特色智能产业集群。在建设路径上，园区将按照"1+1+N"的模式，通过打造一个产业载体、一个协同创新中心，支持 N 个龙头企业打造若干行业大模型，加快推动产业园建设工作。厦门软件园将通过厦门市人工智能产业园建设，打造一批可推广、可复制的高水平人工智能应用示范，推动人工智能产业发展水平进入全国第一方阵。

（二）移动互联

厦门深度融入"数字中国""数字福建"建设实践，把握移动互联网发展先机，强化技术创新，夯实产业载体。厦门软件园作为厦门移动互联网产业发展高地，集聚了美图、美柚、她趣等多家"小而精"的移动互联网细分领域领军企业。

截至 2023 年底，美图公司月活跃用户数达 2.5 亿，同比增长 2.6%，旗下美图秀秀、美颜相机两项产品连续 8 年蝉联中国移动互联网双赛道冠军；截至 2023 年 4 月，美柚 APP 日活跃用户数已稳定在千万规模，月活跃用户数超过 4000 万。截至 2023 年 6 月，美柚在社区运营、女性行为分析、数据库集群、健康监测系统等领域，共拥有 98 项专利和 145 项软件著作权；她趣切准"小镇青年"婚恋这一新的市场需求，及时调整赛道，得到迅速发展，位列 2023 年中国互联网成长型企业榜榜首，目前，公司产品已拥有超过 2 亿移动设备装机量。

（三）数字创意

厦门软件园在数字创意特别是动漫游戏领域的实力日益强劲，持续推动厦门市动漫游戏产业的高质量发展，促进政、产、学、研协同，共同探索构建优质动漫游戏产业生态。园区先后成功荣获"国家动画产业基地""文化部国家级文化产业实验园区""海峡国家数字出版产业基地""福建省创意产业重点园区"等重要产业基地称号。同时，园区吸引了咪咕动漫、飞鱼科技、四三九九、吉比特、真有趣信息科技、延趣网络科技等一批业内知名的动漫游戏企业入驻，汇聚成园区别具特色的动漫游戏产业优势。

吉比特专注网络游戏领域的技术与创新研究，于 2023 年获评国家知识产权局"国家知识产权优势企业"，入选中国互联网协会"2023 年中国互联网综合实力前百家企业"、中国电子信息行业联合会"2023 年度软件和信息技术服务竞争力百强企业"，公司产品《一念逍遥》获评第八届金陀螺奖"年度优秀文化传承游戏奖"；四三九九目前已成长为超过 6 亿注册量的游戏玩

家平台，跻身中国十大游戏运营平台，并连续 11 年入选"中国互联网综合实力前百家企业"；2023 年 8 月，咪咕牵头打造的国内文旅元宇宙标杆示范项目——"元宇宙第一岛"元宇宙鼓浪屿比特空间正式上线测试，随着鼓浪屿元宇宙的逐步成熟，咪咕也将其相关的 AR 云导览、数智云博物馆、AR 夜景秀等数实融合方案推广至全国，充分发挥头部企业的带动作用。

第二十五章

福州软件园

一、园区概况

福州软件园始建于 1999 年，并于同年成为"国家火炬计划软件产业基地"，是福建省最大的软件产业园区，成功入选第三批国家双创示范基地，成功蝉联"中国最具活力软件园"，荣获"中国软件和服务外包杰出园区""国家新型工业化产业示范基地""国家软件与集成电路人才国际培训基地"等多项荣誉。

截至 2023 年，福州软件园营业总收入达 1800 亿元，园区企业达 1410 家，其中上市企业达 10 家，国家级和省级专精特新企业 32 家，科技"小巨人"企业 78 家，全国乃至全球细分领域的单项冠军 30 家。2023 年，福州软件园福建健康之路信息技术有限公司等 33 家企业成功入选省未来独角兽企业和瞪羚企业，瑞芯微、联迪、福昕等 30 家企业在全国行业细分领域名列前茅。

当前，园区积极推进专业化服务建设，成功打造基金公共服务平台、北京软交所福建工作中心、"五凤论见"产业交流平台、"知创福建"省级知识产权公共服务平台、海峡人力资源产业园等专业化服务平台，大力推进"聚福山，共逐梦"品牌活动，不断致力于创新服务生态圈，以技术、资本、IP（知识产权）、人才、市场全方位服务企业。同时，结合企业发展需求，园区不断打造本地"MCS 云中心·福州"等更多专业服务平台。目前，园区已入驻省区块链联盟、知识产权协同科技创新服务产业联盟等服务载体，吸引园内外 300 余名开发者参与学习研讨，进一步增强园区软件企业与专业人才间的良性互动及产业生态发展良性循环。

二、重点行业发展情况

（一）光电芯片

园区内汇聚了包括瑞芯微、睿能科技、联迪商用等在光电芯片领域有显著成就的企业。其中，瑞芯微在音视频编解码、视觉影像处理、软硬件协同开发、多应用平台开发等方面积累了深厚的技术优势，已成为移动互联芯片解决方案的领先品牌，在智能网联汽车领域有较强影响力。2023 年，瑞芯微等 13 家国内外硬件厂商共同推出了飞桨生态发行版，公司还获得了中国汽车基础软件生态委员会（AUTOSEMO）颁发的"技术生态合作奖"及高工智能汽车研究院颁发的"年度智能汽车行业 TOP100 创新企业"奖项。

（二）行业应用软件

福州软件园持续推进行业应用软件发展，大力支持软件产品在新一代信息技术领域的应用创新，集聚了福昕软件、榕基软件、联迪商用、南威软件等众多国内知名软件企业。其中，福昕软件是版式文档应用软件领域的全球知名品牌，在 PDF 电子文档核心技术与应用领域位列全国第一、全球第二，成为福建省首家转科创板的新三板挂牌企业。2023 年，企业的"版式文档国家标准研制与软件产品研发及规模化应用"荣获 2023 中国电子学会科技进步奖二等奖。榕基软件在电子政务细分领域竞争力全国领先，入选国家安全可靠系统集成服务厂商目录和 2023 年度福州市软件业骨干企业。联迪商用是目前国内最大、最专业的从事安全电子支付领域相关产品和系统解决方案的供应商，在 2023 年开放原子全球开源峰会上发布的新版本 AxPOS A8S，是全球首款基于 OpenHarmony 3.2 版本打造的智能 POS 终端，已通过 OpenHarmony 兼容性测评，并成功中标中国农业银行的智能手持 POS 项目采购。南威软件获评"2023 年福建省软件和信息技术服务业综合竞争力 50 强企业"。亿榕信息自主研发的智能办公系统、企业级知识管理系统等产品作为国家电网公司唯一指定产品，在全国近 21 个网省单位和 29 家直属单位得到推广应用。

（三）文化创意

近年来，鼓楼区围绕影视产业链核心配套实施"筑巢引凤"行动，全力推进福州软件园动漫游戏产业园项目。福州软件园动漫游戏产业园在动漫游戏、影视制作领域，汇聚了一批极具发展潜力的企业。其中，福州天之谷网络科技有限公司蝉联福建省第七、八、九届百花文艺奖，并成为福建省福文化品牌推广公共标识"福"形象设计单位，获国家级动漫企业认定和中国动画界最高奖——"金猴奖"（前身为"美猴奖"）。其自主动漫 IP"土豆侠"是中国十大卡通形象。网乐网络旗下的阿拉伯语新闻内容资讯、直播、游戏等软件产品在阿拉伯语地区颇具影响力，电商业务在欧美、东南亚等地也占有不小的市场份额。宝宝巴士已原创超过 200 多款互动 APP、3000 多集儿歌动画及 9000 多期国学故事，依托互联网平台面向全球 160 多个国家和地区发行 12 个语言版本，成为具有初步全球影响力的中国特色儿童内容品牌，连续 10 年蝉联"国家文化出口重点企业"，获评"全国版权示范单位"，并于 2022、2023 年连续两年入选福建省数字经济领域"独角兽"创新企业。畅玩网络是行业领先的线上内容营销服务商，入选福建省数字经济领域未来"独角兽"创新企业。

（四）互联网与大数据

福州软件园积极引进培育互联网与大数据领军骨干企业，支持企业面向全国提供大数技术产品、服务和应用解决方案，鼓励企业探索数据服务模式创新，开发面向政府、企业和个人的数据服务。正孚软件作为一家以数据驱动产业数智化的创新型科技企业，在 2023 大数据产业生态大会上荣获"中国大数据企业 50 强""2023 数字赋能先锋企业""2023 信创产业明星企业"等荣誉，其自主研发的"政企协同数据共享服务系统"成功入选"中国大数据金沙奖——2023 中国大数据·数字政府最佳产品"，作为代表企业被列入"2023 中国大数据产业生态地图"多个领域。南威软件是数字政府服务与运营商、公共安全大数据领域龙头企业，入围全球大数据供应商名录，核心产品覆盖中央到社区六级政府部门，服务全国 30 余个省级行政区，2023 年推出全国首个政府行业大模型——"白泽政务大模型"，推出的政务服务、公共安全、城市治理和智慧政法系列产品获得广泛好评，"互联网+"政务一体化服务平台同福建省内外超过 60 家机关单位签订服务订阅。

企业篇

第二十六章

基础软件企业

一、openEuler 社区

（一）发展情况

openEuler 社区是由中国开放原子开源基金会孵化及运营的开源项目，是面向数字基础设施的全场景、多样性算力的开源操作系统根社区。openEuler 社区自 2019 年 12 月 31 日成立以来，迅速发展，并于 2021 年 11 月 9 日正式捐赠给中国开放原子开源基金会。经过短短四年多的发展，openEuler 社区组织架构已日臻完善，包括社区委员会、技术委员会、品牌委员会和用户委员会，各组织各司其职，规范运作，推动社区的技术发展、品牌营销和用户拓展。

openEuler 系操作系统在中国新增服务器操作系统市场的装机占比达到 36.8%，成为中国服务器操作系统新增市场份额第一。其在政府、电信、金融、能源和公共事业等关键领域的装机占比也居于领先地位，分别达到 70%、70%、50%、40% 和 40%。截至 2023 年底，openEuler 社区已汇聚超过 1000 家企业，拥有超过 1.8 万名开源贡献者，用户覆盖 153 个国家和地区，特别兴趣小组（SIG）超过 100 个，社区企业成员超过 1500 家，全球下载量突破 240 万次。

（二）发展策略

推进技术创新，发展算力多样性。openEuler 社区成员在 Linux 内核社区的贡献稳居全球前三，孵化了 500 余个创新项目，涵盖基础组件、安全、运维和云原生等领域。社区率先发布面向数字基础设施的全场景融合操作系统，实现一套架构支持服务器、云计算、边缘计算和嵌入式等多种应用场景。openEuler 在多样性算力支持上表现突出，能完整支持国内市场上 Intel、AMD、鲲鹏、飞腾、兆芯、龙芯、海光和申威主流芯片以及 NPU、GPU 和 DPU 等多种异构算力，并建立了完善的硬件、软件兼容性测试规范。

积极拓展市场拓展，增强行业影响力。根据 IDC 报告，openEuler 系操作系统在中国新增服务器操作系统市场装机占比（36.8%）超过 Windows 和 CentOS。openEuler 社区通过深耕 IT、CT 和 OT 等广泛应用场景，在政府、电信、金融、能源和公共事业等关键领域的占比也居于领先地位，显示出其强大的市场影响力。openEuler 社区的技术方案和产品在各行业的广泛应用，进一步提升了其市场地位和行业影响力。

加强国际合作，培养业内新人才。openEuler 社区与 Linux Foundation、RISC-V International、OpenInfra Foundation 等国际知名开源组织开展深度合作，形成了双向认证和平台互相接入。此外，openEuler 社区与教育部合作，在 72 所高校布局，构建专职布道师队伍，发布 250 多门相关课程，覆盖学生超过 40000 人；通过开源之夏和开源实习等活动，对高校师生进行开源文化和技能赋能，培养了一大批技术扎实、视野开阔的操作系统人才。

二、奥星贝斯

（一）发展情况

北京奥星贝斯科技有限公司（简称奥星贝斯或 OceanBase）是一家致力于开发高性能分布式数据库的领先企业，2020 年在北京注册成立。OceanBase 的核心产品是原生分布式数据库系统，具备高扩展性、高可用性和高性能等特点，其自研的一体化架构兼顾了分布式架构的扩展性与集中式架构的性能优势，可同时支持 OLTP（在线事务处理）和 OLAP（在线分析处理）的混合负载。截至目前，OceanBase 累计专利数超过 500 项，在国际顶会发表学术论文 20 多篇，与超千家行业客户建立合作关系。

OceanBase 致力于解决海量数据和复杂业务场景中的性能与成本平衡问题，其产品在金融、电信等关键行业受到广泛应用并取得了显著成效，广泛应用于头部银行、证券、保险和基金公司，支持核心系统升级，提升数据处理效率和业务响应能力。此外，在政府、能源、公共事业等领域中得到应用，助力行业数字化转型，提升数据管理和业务处理能力。

（二）发展策略

树立行业新标准，提升数据安全性。OceanBase 数据库在 TPC-C 和 TPC-H 测试中刷新世界纪录，展示了在高并发场景下的卓越性能。其自研的一体化架构实现了数据的强一致性和高扩展性，支持事务处理和实时分析。此外，OceanBase 开创的"三地五中心"城市级自动无损容灾新标准，确保城市级业务持续高可用，进一步提升数据安全性。相比传统数据库，OceanBase 数据库在自动切换和快速故障恢复上的恢复时间目标（recovery time object, RTO）小于 8 秒，达到了业内的最高水准。

深耕关键行业，构建现代数据架构。在金融行业方面，OceanBase 已覆盖 70% 的头部银行、75% 的头部证券公司和 65% 的头部保险公司，并在众多金融机构的核心系统中成功部署，显著提升了数据处理效率和业务响应能力。在电信行业方面，OceanBase 解决了海量数据和复杂业务场景中的性能与成本平衡问题，已在中国移动、中国联通等运营商的核心系统中成功应用，覆盖多个核心应用领域。

推进开源生态建设，培育数据库人才。2021 年 6 月，OceanBase 正式开源，开放 300 万行自研代码，吸引了全球超过 3 万名开发者，增强了技术社区的活力，促进了技术创新与合作。OceanBase 连续举办全国大学生计算机系统能力大赛，推动数据库技术在高校中的普及与应用，累计认证数据库人才超过 35000 人。OceanBase 与 750 多个主流产品建立技术生态，推动数据库技术的广泛应用与落地，构建开放共赢的合作伙伴体系。

三、宝兰德

（一）发展情况

北京宝兰德软件股份有限公司（简称宝兰德）成立于 2008 年，是科创板上市的高新技术软件企业，荣获国家级专精特新"小巨人"企业称号。宝兰德以中间件、智能运维及大数据和人工智能三大领域的软件产品为基础，致力于为行业用户提供相应的数字化产品、行业解决方案及专业的服务支撑，其自主研发的中间件产品广泛应用于政府、金融、电信、教育、医疗、能源、交通等领域。其总部位于北京，并在北京、西安、长沙、南京、兰州设立了 5 个研发中心，建立了覆盖全国 30 个省市的本地化支持中心，形成了多层次、专业化、本地化的技术服务团队。

近年来，宝兰德依托深厚的技术沉淀和优质的售后服务，成功打破了国外多项核心技术壁垒，技术创新能力不断提升。2020 年，公司上市后加速了产品研发和市场拓展步伐，推出了一系列新产品和解决方案，推动了企业的快速发展。2023 年，宝兰德新增发明专利数量显著增长，新增发表多篇国际顶会论文，并在国内外市场取得显著突破。

（二）发展策略

坚持技术创新，推动行业技术发展。宝兰德始终坚持技术创新。2023 年公司推出了云原生中间件、中间件管理平台和容器 PaaS 平台等新产品。在智能运维领域，推出了 IT 一体化监控运行支撑、AIOps 智能运维及云原生可观测等一系列解决方案。在大数据及 AI 领域，推出了 AI 智慧助手、AI 汇智平台和数字效能大模型等新产品，不断提升企业的智能化水平。

增强行业洞察，积极拓宽业务边界。宝兰德深入洞察行业趋势和需求。在持续深化政府、金融、电信等传统领域业务的同时，成功开辟了教育、医疗、能源和交通等细分领域。公司通过不断加大市场纵深拓展力度，提升产品质量和服务水平，赢得了市场的广泛认可。

构建行业生态，繁荣应用生态体系。宝兰德积极推进行业生态建设。2023 年，公司与中软国际、浪潮集团、阿里云、百度智能云和麒麟软件等头部企业签订了战略合作协议，建立了良好的合作沟通机制。积极推进认证测试和行业适配测试，截至目前，公司已与数百家软硬件厂商等生态伙伴完成了上千个产品的互认证测试，构建了强大的合作网络。

四、金山办公

（一）发展情况

北京金山办公软件股份有限公司（简称金山办公）深耕办公软件领域 35 年，是全球领先的办公软件产品和服务提供商，推出了 WPS Office、WPS AI 企业版和 WPS 协作平台等一系列产品和服务。截至 2023 年，金山办公在全球范围内服务 220 个国家和地区的 1.7 万家头部政企客户，月度活跃设备数量达 5.98 亿。

2024 年，金山办公推出的 WPS 365 产品实现了文档、AI 和协作功能的无缝整合，为组织和企业提供一站式 AI 办公解决方案。金山办公旗下主要产品和服务均由公司自主研发，截至 2022 年，金山办公（含子公司）已拥有 WPS 新内核引擎、基于大数据分析的知识图谱、基于云端的移动共享、文档智能美化等为代表的发明专利和著作权 987 项。

（二）发展策略

推动 AI 落地，赋能产品创新。 在技术与产品开发上，金山办公推出的 WPS 365 产品具有整合文档、AI 和协作三大功能，满足组织和企业的全方位办公需求。WPS AI 企业版聚焦 AIGC（内容创作）、Copilot（智慧助理）和 Insight（知识洞察）3 个战略方向，支持文字、表格、PPT、PDF 等主流办公组件，能提供快速起草文档、处理复杂函数公式、辅助阅读长文本等 20 多项 AI 功能，率先在国内办公软件领域实现 AI 落地。

生态合作与产业协同。 金山办公与三大运营商、华为云、浪潮云、金山云、阿里云等头部云厂商构建协同办公生态，继续推进端云一体化战略。金山办公在司法、金融、党政、医疗、文旅等领域，与行业头部厂商构建创新合作方案，实现生态文档 IP 化场景业务赋能。截至目前，金山办公已完成 420 家生态伙伴的 1400 多款产品的兼容性互认证。

人才培养和研发投入。 金山办公在技术创新和产品研发方面不断加大投入力度，2023 年研发投入 14.72 亿元，占总收入的 32%。持续提升研发团队的能力和水平，金山办公有研发人员 3087 人，占员工总数的 68%。此外，金山办公还通过校企合作的方式培养大数据、云计算和人工智能等方向的技术人才，已与武汉科技大学等多所院校合作。

第二十七章

工业软件企业

一、华大九天

（一）发展情况

北京华大九天科技股份有限公司（简称华大九天）成立于 2009 年，专注于 EDA 工具的开发、销售及相关服务业务，致力于成为全流程、全领域、全球领先的 EDA 提供商。华大九天产品线涵盖模拟电路设计全流程 EDA 工具系统、存储电路设计全流程 EDA 工具系统、射频电路设计全流程 EDA 工具系统、数字电路设计 EDA 工具系统、平板显示电路设计全流程 EDA 工具系统、晶圆制造 EDA 工具系统和先进封装设计 EDA 工具系统等，并围绕相关领域提供技术开发服务。其产品和服务主要应用于集成电路设计、制造及封装领域。

华大九天在 2022 年 3 月恢复发行注册程序，并在同年 7 月 29 日成功在深圳证券交易所创业板上市，募资约 25.51 亿元。此外，华大九天还入选了北京市专精特新中小企业名单，并被认定为国家企业技术中心，展现了其在技术创新和行业专业领域的领先地位。通过持续的研发和市场拓展，华大九天致力于成为全球领先的全流程 EDA 提供商，为集成电路产业的发展贡献力量。

（二）发展策略

深耕自主工业软件研发和创新突破。华大九天作为中国 EDA 行业的领军企业，非常重视自主研发能力的培养和提升。公司自成立以来，一直聚焦于 EDA 工具的开发、销售及相关服务业务，并致力于成为全流程、全领域、全球领先的 EDA 提供商。公司保持了持续高比例的研发投入，2020 年度至 2022 年度研发费用占营业收入的比例分别为 44.22%、52.57% 和 60.98%，2023 年 1—9 月，公司研发费用占比高达 70.56%。通过自主研发，积累了模拟电路设计、数字电路设计、平板显示电路设计和晶圆制造等细分领域的核心技术，并拥有已授权专利 144 项和已登记软件著作权 50 项。华大九天不断推出新的 EDA 工具软件，如 2023 年新推出的存储电路设计全流程 EDA 工具系统和射频电路设计全流程 EDA 工具系统等。华大九天坚持"自主可控"和"开放创新"的技术路线，在核心技术实现自主开发的同时，积极拥抱新技术、新思路，加大对异构运算、人工智能等前沿技术的研究。公司立足补齐集成电路设计关键环节核心 EDA 工具产品短板，全面实现集成电路设计和制造各领域的 EDA 工具全流程覆盖，成为全球 EDA 行业的领导者，为中国集成电路产业的发展提供强有力的支撑。

并购强化自身竞争力和市场地位。并购是工业软件行业发展壮大的一种常见且有效的手段。通过并购，企业可以快速获得新技术、新市场、新客户以及经验丰富的人才，从而加速自身的发展和市场扩张。华大九天作为 EDA 行业的领军企业，也不例外。华大九天于 2010 年 7 月收购了北京华天中汇科技有限公司，通过这次并购，华大九天成为拥有全定制 IC 设计全流程解决方案、IC EDA 数字设计优化解决方案的提供商。华大九天通过其全资子公司深圳华大九天科技有限公司，以 1000 万美元现金收购芯达芯片科技有限公司（简称芯达科技）100% 的股权。芯达科技主要从事存储器/IP 特征化提取工具的开发，这类工具在数字设计和晶圆制造领域中扮演关键角色。通过这次并购，华大九天旨在补齐数字设计和晶圆制造 EDA 工具的短板，丰富其 EDA 工具产品线，并通过整合双方的技术资源和研发团队，进一步提升其在 EDA 领域的竞争力，实现技术和产品的互补与协同效应。

二、汇川技术

（一）发展情况

深圳市汇川技术股份有限公司（简称汇川技术）是一家专注于工业自动化和新能源相关产品研发、生产和销售的高新技术企业。公司成立于 2003 年，并于 2010 年成功在深交所创业板上市。汇川技术的主要业务涵盖工业自动化、工业机器人、电梯一体化业务、新能源和轨道交通等领域，提供包括变频器、伺服系统、控制系统、工业视觉系统等在内的综合产品及解决方案。汇川技术一直重视研发投入，坚持每年将营收的 10%投入研发，2023年投入 26.24 亿元。截至 2023 年末，公司共有 5482 名研发人员，占比 23%。此外，汇川技术通过发行股份及支付现金的方式收购了上海贝思特电气有限公司 100%的股权。该公司专注于电梯电子与结构类电梯配件的研发、生产与销售，在电梯人机界面、门系统、线束线缆、井道电气等产品领域拥有多项核心技术。通过这次收购，汇川技术进一步扩大了其在电梯行业的影响力，并增强了其在全球市场的竞争力。汇川技术的并购策略体现了公司通过整合行业资源，加强自身在工业自动化和新能源领域的技术积累和市场竞争力。通过这样的战略布局，汇川技术不仅能够提升自身的产品线和解决方案，还能够更好地满足客户需求，实现可持续发展。

（二）发展策略

聚焦工业控制细分应用领域。汇川技术从成立之初就专注于工业自动控制系统的研发，主营业务和主要产品涉及多个领域，包括工业自动化、工业机器人、新能源汽车、轨道交通和工业互联网等五大业务板块，具体包括变频器、伺服系统、控制系统（PLC/CNC）、工业视觉系统等在内的自动化产品和解决方案等。在新能源汽车领域，主要提供电机控制器、辅助动力系统、高性能电机、DC/DC 电源及动力总成系统等产品。数据显示，2020 年汇川技术的通用伺服系统在中国市场的份额位列第 3 位，内资品牌中排名第 1 位，占比为 10%；在通用伺服产品市场的占有率处于领先地位，已经全面超越国外品牌厂商。2020 年汇川技术在专用伺服市场的占有率为 17%，并且在2020—2023 年间保持了这一趋势。历时多年发展，汇川技术拥有自主产品开发专利及软件著作 3297 项，2023 年新增专利及著作权 374 项，主持并参与多项国家标准制定，并且正在按照既定步伐成长为自动化行业的引领者。

三、中控技术

（一）发展情况

浙江中控技术有限公司（简称中控技术），自 1999 年成立以来，已逐渐发展成为中国流程工业自动化控制系统领域的领军企业。公司成立之初，主要专注于为中小型项目提供集散控制系统，满足基础的自动化需求。随着技术积累和市场拓展，中控技术在发展中期实现了技术创新的飞跃，成功攻克了大中型项目中的自动化控制系统技术难题。其产品线不断丰富，涵盖了现场仪表、安全栅、控制阀以及先进控制系统等多个方面，形成了一套完整的软硬件解决方案。目前，中控技术正致力于提供更为先进的智能制造解决方案。公司结合最新的安全仪表系统和混合控制系统技术，为自动化企业量身打造智能工厂和智能制造的数字化转型方案。这些方案不仅提高了生产效率和产品质量，还增强了企业的市场竞争力。中控技术通过不断地技术创新和产品升级，助力客户实现智能化、自动化的转型升级，推动中国制造业向更高端的发展阶段迈进。展望未来，中控技术将继续秉承创新驱动的发展理念，致力于"AI+数据"核心能力的构建及落地应用，不断探索和拓展自动化及智能制造的新领域，为工业 4.0 时代的到来贡献力量。

（二）发展策略

精耕工业控制系统软件。 中控技术的主要工业软件产品包括集散控制系统（DCS）、安全仪表系统（SIS）、混合控制系统、先进过程控制（APC）、制造执行系统（MES）和仿真培训软件（OTS），是我国当之无愧的控制系统工业软件龙头。中控技术不断加强研发力度，专注于控制系统软件的创新，其 DCS 产品在国内市场占有率排名第一，而 SIS 产品则紧随其后，排名第二。

打造工业自动化平台。 中控技术正逐步转型为工业 4.0 的自动化解决方案提供商。公司不仅扩展了产品功能，提供全面的智能制造解决方案，还强化了与底层硬件的整合，发展仪器仪表等设备，增强智能制造解决方案的整体交付能力。同时，中控技术也在积极探索工业 4.0 平台的建设，启动了自动化管家 5S 一站式服务平台项目，进一步拓展其产品系列和服务范围。通过这些举措，中控技术正推动工业自动化和智能制造的深度融合与发展。

第二十八章

信息技术服务企业

一、中软国际

（一）发展情况

中软国际有限公司（简称中软国际）是行业领先的全球化软件与信息技术服务企业之一，紧跟国家科技战略发展方向，聚焦关键信息基础设施行业信创发展，引领国产智联网产业发展。在金融信创、云智能、智慧城市、企业 EAS、智能汽车等领域开展自主创新，进行国产替代。2023 年，公司启动 SP304 战略规划，聚焦"人工智能+"，以智能云为底座，聚焦 AIGC 应用与模型工厂服务、鸿蒙 AIoT 与数字孪生、ERP 咨询实施及数字化转型服务，打造"1（云智能）+3（鸿蒙、泛 ERP、AIGC）"业务阵型，实现营业收入 171.17 亿元，其中云智能业务收入 64.50 亿元，占总收入的比重为 37.7%。2019—2023 年中软国际的经营情况如表 28-1 所示。

表 28-1　2019—2023 年中软国际的经营情况

年　　度	营业收入情况		净利润情况	
	营业收入/亿元	增长率/%	净利润/亿元	增长率/%
2019 年	120.4	13.70	7.6	5.60
2020 年	141.0	17.11	9.6	26.32
2021 年	184.0	30.50	11.4	18.75
2022 年	200.1	8.75	7.6	−33.33
2023 年	171.2	−14.44	7.1	−6.58

（二）发展策略

深度嵌入华为云生态，开展全领域合作。2023 年，中软国际在行业大模型研发、云能力构建、万物智联生态建设等方面与华为深入合作，成为华为最紧密的合作伙伴之一。在大模型研发方面，中软国际与华为云签署盘古大模型合作协议，与华为电力军团、华为云产品线形成 AIGC 联合解决方案，为华为提供政务一网通军团基线解决方案——政务"问数"大模型，双方共同发布"城市大模型联合解决方案"。在云能力构建方面，中软国际已成为华为云全领域综合型伙伴，CTSP（认证技术服务合作伙伴）专业服务能力认证数量位列华为云生态伙伴首位，积极助力昇腾云与鸿蒙深度协同，以"云云协同"加速昇腾云的系统级 AI 能力下沉到鸿蒙系统。在万物智联生态建设方面，中软国际为行业用户提供 HarmonyOS 全生命周期解决方案，斩获多家重量级金融机构、文旅教育机构的鸿蒙开发项目，突破交通、港口等行业核心设备的鸿蒙化适配。

践行"平台+服务"模式，聚焦央国企泛 ERP 发展机遇。2023 年，中软国际公司坚定践行泛 ERP 服务"平台+服务"模式，把握国内企业应用服务市场数字化转型机遇，打造"以行业咨询驱动，以泛 ERP 实施落地"的商业模式。一方面，积极参与国央企的泛 ERP 项目，与中石油、昆仑数智、中化信息、中电普华等头部企业建立紧密合作关系。另一方面，积极参与华为泛 ERP 相关开发及实施工作，致力于成为华为泛 ERP 生态的第一生力军。

紧随人工智能发展热潮，全面拥抱 AIGC。2023 年，中软国际全面实施大模型应用层生态位发展战略，推出行业版 AIGC 应用，打通大模型应用落地"最后一公里"。一方面，成立解放号 AIGC 研究院，与生态伙共建 AI 原生应用引擎平台能力，成为领先的智能代理（Agent）应用贡献者、运营使能者、能力互补者。"问"系列 Agent 应用具备面向行业特点的意图理解、主动分析、深度推理等能力，形成了"电力问数""审计问数""港口问数"等 6 款行业版产品。另一方面，推出 JointPilot（灵析）人工智能应用平台，旨在降低 AIGC 应用开发门槛，繁荣 AIGC 应用生态。

二、中科曙光

（一）发展情况

曙光信息产业股份有限公司（简称中科曙光）作为我国核心信息基础设

施领军企业，为中国及全球用户提供创新、高效、可靠的 IT 产品、解决方案及服务。公司深度参与数字基础设施建设，同时不断提升智算中心解决方案综合能力，凭借分布式全闪存储、浸没式液冷、计算服务等多项优势赋能多区域、多行业数智化发展。2023 年，中科曙光实现营业收入 143.53 亿元，同比增长 10.34%，其中软件开发、系统集成及技术服务收入达 15.67 亿元，同比增长 0.75%。2019—2023 年中科曙光的经营情况如表 28-2 所示。

表 28-2　2019—2023 年中科曙光的经营情况

年　　　度	营业收入情况		净利润情况	
	营业收入/亿元	增长率/%	净利润/亿元	增长率/%
2019 年	95.26	5.18	5.94	37.86
2020 年	101.61	6.67	8.22	38.38
2021 年	112.00	10.23	11.58	40.88
2022 年	130.08	16.14	15.44	33.33
2023 年	143.53	10.34	18.36	18.91

（二）发展策略

采用"立体计算"打造全新的计算体系构建与运营模式。面向新质生产力，中科曙光首次提出"立体计算"体系，强化"建、用、生态"三维协同发力，以立体算力建设、立体应用赋能、立体生态共生，加速算力转化为生产力，进而释放各行业、各区域的发展力。在长沙部署 5A 级智算中心，通过立体化的建设、应用和生态构建，打造成为"立体计算"理念的标杆，已有上百家企业入驻并参与共建，实现了万余项商业应用的接入，充分释放"立体计算"在推动区域发展和行业创新中的重要作用。

积极拥抱大模型，构建全栈 AI 能力。中科曙光凭借在算力网络构建、大模型全栈服务以及专业存储解决方案等方面的综合优势，已成为推动我国 AI 大模型生态发展的重要力量。目前，中科曙光已参与"悟道 2.0""紫东太初""文心一言""通义千问"等多类大模型的训练、微调、推理等工作，累计完成 30 余个国内外主流大模型的适配孵化。同时，公司与百度、阿里巴巴、智源研究院、智谱 AI、复旦大学、之江实验室、捷通华声等业内领先企业、高校和科研机构等生态伙伴深度合作，打造面向不同应用场景的大模型一体机、大模型存储解决方案等，提供覆盖底层算力、框架、算法、应用的全栈 AI 能力，满足多场景需求，加速大模型探索创新及产业化落地。

三、浪潮信息

（一）发展情况

浪潮电子信息产业股份有限公司（简称浪潮信息）是全球领先的 IT 基础架构产品、方案及服务提供商，业务覆盖计算、存储、网络三大关键领域，提供云计算、大数据、人工智能、边缘计算等在内的全方位数字化解决方案。2023 年，浪潮信息实现营业收入 658.67 亿元，较上年下降 5.26%，服务器、存储、液冷服务器的市场占有率均居国内第 1 位，服务器和存储产品的市场占有率保持全球前列。2019—2023 年浪潮信息的经营情况如表 28-3 所示。

表 28-3 2019—2023 年浪潮信息的经营情况

年　　度	营业收入情况		净利润情况	
	营业收入/亿元	增长率/%	净利润/亿元	增长率/%
2019 年	516.53	10.04	9.29	41.02
2020 年	630.38	22.04	14.66	57.80
2021 年	671.50	6.52	20.08	36.97
2022 年	695.25	3.54	20.80	3.59
2023 年	658.67	-5.26	17.83	-14.28

（二）发展策略

实现技术突破，引领前沿创新。浪潮信息一直专注于技术研发创新，持续引领智慧计算发展。在算法层面，浪潮信息于 2023 年发布"源 2.0"基础大模型，推动源大模型在文生图、多模态领域技术创新，已在智能客服、智慧政务、智能文创领域落地应用。在 AI 软件基础设施层面，浪潮信息开发了大模型智算软件栈 OGAI（Open GenAI Infra），为大模型业务提供 AI 算力系统环境部署、算力调度保障、模型开发管理和模型应用创新能力。在数据基础设施层面，2023 年，浪潮信息在业界率先发布了生成式 AI 存储解决方案，具备极致融合、极致性能、极致节能三大能力，助力生成式 AI 应用在各行各业落地。

践行开放计算理念，引领开放计算体系。浪潮信息始终坚持开源开放的技术路线，持续推动开放计算产业化，加速开源技术普惠。2023 年，浪潮信息作为首批创始成员，牵头成立了开放计算标准工作委员会（OCTC），并成为全球三大开放计算组织——开放计算项目基金会（OCP）、开放数据中心委员会（ODCC）、Open19 基金会的核心成员，积极参与面向 AI、边缘等标准规范的建立，并牵头制定服务器全部国标、开放加速模块（OAM）规范、天蝎标准、边缘开放电信 IT 基础设施（OTII）规范、开放基板管理控制器（OpenBMC）、开放基架管理控制器（OpenRMC）管理标准等。此外，浪潮信息面向全行业发布了《开放加速规范 AI 服务器设计指南》，为 AI 加速卡和系统设计提供参考。

第二十九章

嵌入式软件企业

一、华为

（一）发展情况

华为技术有限公司（简称华为）成立于 1987 年，是信息与通信技术（ICT）基础设施与智能终端提供商，拥有 20.7 万员工，业务遍及 170 余个国家及地区，服务覆盖全球 30 多亿人口。华为 2023 年年度报告显示，华为 2023 年年销售收入为 7041.74 亿元，同比增长 9.6%，营业利润 1044.01 亿元，营业利润率 14.8%，净利润 869.50 亿元，整体经营情况符合预期。从主要业务分类看，ICT 基础设施业务保持稳健，终端业务表现符合预期，云计算和数字能源业务实现良好增长，智能汽车解决方案业务开始进入规模交付阶段。具体来看，ICT 基础设施业务收入 3619.97 亿元，占比 51.4%，同比增长 2.3%；终端业务收入 2514.96 亿元，占比 35.7%，同比增长 17.3%；云计算业务收入 552.87 亿元；数字能源业务收入 526.07 亿元；智能汽车解决方案业务收入 47.37 亿元。2023 年，研发费用支出约为 1647 亿元，在全年收入中占比 23.4%，近十年累计投入的研发费用超过 11000 亿元，截至 2023 年 12 月 31 日，研发员工约 11.4 万名，占总员工数量的 55%，在全球共持有有效授权专利超过 14 万件。

（二）发展策略

华为致力于把数字世界带入每个人、每个家庭、每个组织，构建万物互联的智能世界。

持续发展联接领域。华为在个人和家庭消费场景下，提供全场景超宽带联接体验；在政企场景下，提供泛在超宽、确定性体验和超自动化全场景智能联接解决方案，使能行业数智化转型。先后推出 5G-A（5G 增强版）、极简绿色站点、全融合云原生核心网、最佳性能 Wi-Fi 7、超融合数据中心网络、全光交换 OXC（光交叉连接）、全光家庭接入 FTTR（光纤到房间）、绿色数据中心等领先的产品与解决方案，引入 AI、新算法提升性能，并积极与产业界共同定义联接产业的发展方向，持续助力产业发展。

深入探索智能领域。华为在数据存储、多样性计算和云计算领域持续创新，实现无所不及的智能。在数据存储领域，华为为客户提供全域全场景产品与解决方案，构筑高性能、高可靠、安全绿色的数据存储底座，利用智能技术推动数据的存储、流动、使用。在计算领域，通过计算体系架构、工程、基础软硬件协同的持续创新，秉持"硬件开放、软件开源、使能伙伴、发展人才"的战略，构建开源开放的鲲鹏、昇腾、欧拉等基础软硬件生态，为世界提供多样性算力。在云计算领域，华为云聚焦"AI for Industries""AI for Science"，深耕行业，为企业解难题、做难事，加快 AI 重塑千行万业。

创新丰富个性化体验。面向个人及家庭消费者，重构场景及体验，融合产品及服务，围绕家居、出行、办公、运动健康等各种消费场景进行整合创新。以智能手机为核心，打造"1+8+N"智慧生活全场景，通过 HarmonyOS 赋能生态。面向企业消费者，提供 AI、云等新技术，深刻洞察客户需求、敏捷创新，根据客户实际情况提供定制化体验。

全面构建数字平台。数字平台是数字化转型成功的核心引擎，华为以云为基础，以 AI 为核心，通过云网边端协同，构建一个开放、立体感知、全域协同、精确判断和持续进化的强大的数字平台，沉淀行业知识，加速主业务流程创新，快速迭代，应对新的变化。帮助客户打造开放、灵活、易用、安全的数字平台，使用户能够打造自己的智能方案，推动千行百业数字化转型、智能化升级，为数字经济注入新动能。

二、中兴通讯

（一）发展情况

中兴通讯股份有限公司（简称中兴通讯）成立于 1985 年，是通信设备类制造行业的龙头企业，集"设计、开发、生产、销售、服务"于一体，拥有 ICT 行业完整的、端到端的产品和解决方案，以"让沟通与信任无处不在"为愿景，以"网络联接世界，创新引领未来"为使命。中兴通讯整体经营稳健有韧性，经营质量不断提升，但同时也面临超越增长的挑战。2023 年年度报告显示，2023 年中兴通讯实现营业收入 1242.51 亿元，同比增长 1.05%，毛利率 41.53%，同比上升 4.34 个百分点，归属于上市公司普通股股东的净利润 93.258 亿元，同比增长 15.41%，归属于上市公司普通股股东的扣除非经常性损益的净利润 73.99.6 亿元，同比增长 19.99%。在研发投入上，企业研发能力和效率处于业界领先地位，2023 年全年研发投入超过 250 亿元，占营业收入的比例达 20.4%。

（二）发展策略

从发展路径看，中兴通讯规划了"1 基座+2 曲线+3 阶段"战略。其中，**"3 阶段"**是由恢复期（2018—2019 年）、发展期（2020—2021 年）和超越期（2022—2025 年）构成的八年发展规划。目前，中兴通讯正处于"超越期"，积极利用现有能力拓展产业边界。**"2 曲线"**是"固本"第一曲线（通信赛道）和"拓新"第二曲线（IT、数字能源、智能终端等赛道）并行的业务结构，以公司原有业务"固本"作为突破口，沿着市场或客户和技术的优势区域进行其他业务"拓新"。**"1 基座"**即中兴通讯搭建的具备"端、网、云、智"核心能力的数字化基座，以自主研发的核心专用芯片为基础，构筑体验极致和效率极致的云网根基，打造"端、网、云、智"核心能力。

从发展机遇看，中兴通讯加速从全连接向"连接+算力"深化拓展。在 AI 大模型等新一代算力基础设施推动下，"智算时代"成为长周期技术革命的机遇。中兴通讯以"算力成网"为着力点，积极发挥全栈全域技术积累优势。在硬件基础设施方面，打造端到端的算力基础设施解决方案，涵盖通算和智算所有算力领域和高速广域互联领域。在通算领域，中兴通讯打造通算服务器和数据中心，提供 400G/800G 骨干传输。在智算领域，中兴通讯推出全解耦的全栈智算方案。其中，智算服务器可兼容国内外主流 CPU/GPU；网卡为全国产化 100G 和 200G 网卡，并在年内推出支持 100G 无损网络的全国产化 DPU 数据处理单元卡；网络解决方案为已发布千卡级 GPU/单 POD 资源池业务规模的全盒式 400G Fabric，同时提前布局下一代 800G Fabric；智算方案涵盖全系列智算中心解决方案，包括智算资源池和 AiCube 训推一体机两种形态，灵活满足不同场景下的客户需求。在大模型方面，采用

“1+N+X”策略。其中，“1”是自研与生态合作并举的星云大模型；“N”是结合领域知识增量预训练的N个领域大模型，包括研发代码大模型、通信大模型、政务大模型、园区大模型等；“X”是在大模型基础上的X种应用，对内实现研发提效，对外以大模型技术加速产业数智化转型，如基于代码大模型的研发场景，基于通信大模型、数字孪生、大小模型协同的网络保障、跨域问题闭环、问题感知处理、加密短视频感知评估、智能反诈场景等。

三、国电南瑞

（一）发展情况

国电南瑞科技股份有限公司（简称国电南瑞）成立于2001年，是国家电网旗下的首家上市公司。国电南瑞以能源电力智能化为核心，提供能源互联网整体解决方案，是我国能源电力及工业控制领域卓越的IT企业和电力智能化领军企业。公司围绕电力自动化、智能电网、发电、轨道交通、水利水务、市政公用、工矿等诸多嵌入式系统领域，以先进的控制技术和信息技术为基础，利用“大数据、云计算、物联网、移动互联、人工智能、区块链”等技术，为行业和客户提供软硬件产品、整体解决方案及应用服务。目前，公司已发展成为总资产规模860.87亿元，市值规模超过2000亿元的板块龙头上市公司。国电南瑞2023年年度报告显示，2023年公司经营业绩增长良好，实现营收515.73亿元，同比增长10.13%；归母净利润71.84亿元，同比增长11.44%；归母扣非净利润69.5亿元，同比增长10.43%。2023年，公司研发投入34.59亿元，相较于上期增长10.71%，研发投入占比6.71%；获得专利授权400项，其中发明专利324项，发表核心期刊论文176篇，获得各级各类科技奖励169项。在万得（Wind）发布的“2023年度Wind中国上市公司ESG最佳实践100强”榜单中，国电南瑞获得工业类A评级。

（二）发展策略

公司紧跟能源革命和数字革命融合趋势，以高质量发展为主题，致力于全方位支撑服务能源互联网发展和清洁低碳转型，聚力实施“五大工程”（夯基、赋能、破冰、节流、提质），奋力打造“六个高地”（技术、产业、人才、改革、安全、思想），旨在实现业务成果的实质性提高和规模的合理扩张。

公司对业务板块不断优化调整。重点布局智能电网、数能融合、能源低碳、工业互联等四大业务板块，推动人工智能、边缘计算、数字孪生、区块链、安全防护等数字技术、先进信息通信技术、控制技术与柔性直流、可再生能源友好接入、源网荷储协调控制等能源电力技术深度融合，以进一步增强核心竞争能力，从而适应行业环境变化，完善产业布局，增强资源配置能力，提升管理效率，优化服务水平。

第三十章

云计算企业

一、阿里云

（一）发展情况

阿里云创立于 2009 年，是全球领先的云计算及人工智能科技公司，致力于以在线公共服务的方式，提供安全、可靠的计算和数据处理能力，为广大用户享受云计算的优质体验提供坚实基础。作为云计算的先行者与引领者，阿里云积累了丰富的业务经验与解决方案，已成为亚太和中国市场份额最大的公有云提供商。当前，伴随新一轮科技革命和产业变革演进态势，阿里云提出"AI+全面上云"的发展策略，或将迎来增长"新窗口"。

（二）发展策略

加强云计算基础设施布局。阿里云重视基础设施投入，在基础设施计算、存储和互联领域，从芯片、部件到整机系统均持续研发与创新。目前研发成果包含服务器方升架构、自研硬件、自研存储硬件，以及阿里云异构计算加速平台，通过整体推动阿里云新一代云原生硬件架构落地和服务器新品研发，为阿里云产品构筑从芯片到基础软件系统的核心技术竞争力。在智算方面，阿里云的智算集群可支持最大十万卡 GPU 规模，承载多个万亿参数大模型同时在线训练，为大规模 AI 集群提供无拥塞通信的自研 RDMA（远程直接数据存取）网络架构和低成本高可靠的高性能文件存储。

以智能云重构智能计算体系。随着智能时代的全面到来，阿里云构建了"IaaS+PaaS+MaaS"的智能时代云计算技术体系。IaaS（基础设施即服务）

涵盖"网络+存储+调度"的软硬件基础设施，PaaS（平台即服务）向下调用算力，向上调用模型，兼具通用性与多元性。从飞天云计算操作系统，到 PAI 灵骏智算，阿里云聚焦平台建设与能力构建，从单一数据到多元数据，再到鲜活数据，数据挖掘与智能计算的能力持续提升。MaaS（模型即服务）层基于通义千问的语言对话、通义听悟的语音理解、通义万相的视觉生成，正在成为阿里云智慧赋能的"云端大脑"，引领行业应用革新与效率提升。

打造开源开放技术生态。阿里云加大了对开发者的支持力度，推出了"模型即服务"开放平台魔搭社区，现已有超 800 个优质开源模型，总用户量超过 100 万，模型累计下载次数超过 1600 万次，成为国内规模最大的模型社区之一。同时，面向国内 1000 万名云上开发者，阿里云推出了"飞天免费试用计划"，提供包括 ECS、数据库 PolarDB、机器学习 PAI 等在内的 50 款云产品的免费试用，时长支持 1～3 个月到长期免费。

积极推动云计算"走出去"。阿里云在中国云厂商中全球化拓展业务相对领先。目前，阿里云在全球四大洲 30 个地域运营着 89 个可用区，覆盖超过 200 个国家，管理着数百万台服务器，助力中国企业全球化拓展。特别是，阿里云在 2014 年就开启了东南亚业务，起步早、耕耘久，在东南亚 5 个国家（新加坡、泰国、印尼、马来西亚、菲律宾）设立了本地数据中心，具有一定发展优势。在东南亚投资数据中心，参与数字政府、智慧城市项目，推动数字基建进程，是阿里云推进国际业务的重要方式。

二、华为云

（一）发展情况

华为云是华为的云服务品牌，致力于为全球客户提供稳定可靠、安全可信、可持续发展的云服务，助力共建智能世界云底座。2023 年，华为云全球销售收入达 553 亿元人民币，是全球增长最快的主流云厂商之一。在海外，华为云坚持"在本地，为本地"的原则，为客户提供领先的创新技术和本地化服务，成为客户信赖的云服务品牌，公有云业务营收同比增长 110%。在中国，华为云拥有 160 多个赋能云创新中心，为千行万业提供全方位的基础设施、平台和应用服务，为区域经济打造健康良性的产业生态。

（二）发展策略

以"全球一张网"构建统一云底座。在亚太地区，2018 年以来，华为云已相继在泰国、新加坡、马来西亚等地建设本地节点。在泰国，华为云是第一家建设本地节点的公有云厂家，不仅在曼谷、春武里、北揽设立了 3AZ 数据中心，还提供泰语网站服务和咨询服务。此外，华为云正在全球规划部署更多绿色智能的云数据中心，华为云印尼、爱尔兰节点将于近期开服，到 2024 年末，华为云将布局全球 29 个区域、75 个可用区，覆盖 170 多个国家和地区。基于"全球一张网"，华为云提供了安全、稳定、低时延的高质量网络选择，打造 50ms 用户优质体验服务圈，确保低时延业务敏捷高效。

以"云端+城市+边缘"打造多元算力。在飞速发展的智能时代，面对海量算力高效、集约供给的需求，华为云打造"云端+城市+边缘"多元算力供给模式，满足不同场景算力需求，释放新质生产力。在云端，华为云在乌兰察布、贵安、芜湖建立了"集约高效、按需弹性、稳定可靠、绿色节能"的三大 AI 算力中心，以昇腾 AI 云服务为百模千态注入了强劲动力。在城市端，AI 盘古大模型创新中心提供了两种运营能力、三大使能工具、四大产业链接，成为产业智能化升级的新引擎、科研创新的加速器、产业聚合的制高点。在边缘端，华为云打造了智能边缘小站 CloudPond 方案，以确保数据留在本地更安全，业务时延更低。

以云+大模型加速行业智能升级。华为云集成 240 多种服务、5 万余个 API（应用程序编程接口），通过云端提供人工智能、大数据等技术和开发工具。目前华为云自研的千亿参数的盘古大模型，在政务、工业软件、制造、汽车、医疗、机器人等领域持续释放 AI 价值。例如，在工业制造领域，盘古视觉质量检测大幅提升了检测精度和泛化能力，已构建 16 大类超过 800 类工业算子，能满足工业复杂场景，识别准确度达 98.5%。在新药研发领域，盘古药物分子大模型学习了自然界中真实存在的 17 亿个分子结构，推出一站式的盘古辅助药物设计服务，将药物设计周期从数年缩短至 1 个月。

建设开放合作完善云上生态。华为云长期坚持与全生态链开放协作，携手行业客户、伙伴加快打造自主创新的数字技术生态，以云作为统一平台和生态入口，联合鸿蒙、鲲鹏、昇腾、高斯等根技术生态，做强智能世界云底座。截至 2023 年底，华为云在全球已拥有超过 600 万名开发者，汇聚超过 4 万家合作伙伴，云商店应用已超过 1 万款。同时，华为云还打造了一站式云学堂，开发了超过 2000 门在线课程，覆盖 70 多所"双一流"高校，帮助更多人才积极拥抱 AI 新时代。

三、天翼云

（一）发展情况

天翼云是中国电信旗下的一家科技型、平台型、服务型公司。当前，天翼云全面升级产品和生态矩阵，打造"算力·平台·数据·模型·应用"五位一体的智算云能力体系。基于五位一体的智算云能力体系，天翼云将在算力、模型、数据、应用等方面加强生态合作，为 AI 开发者提供"供得上、用得起、用得好"的智算服务。

（二）发展策略

加快核心技术融合创新突破。天翼云自研 AI 框架、算子加速库，推进大规模 GPU 集群算子与国产芯片加速框架适配。持续完善智算网络卡间集合通信库，实现卡间高效可靠通信。升级"息壤""云骁""慧聚"三大平台，提升算网感知、跨域调度随愿自治等能力，实现算网资源匹配最优。强化跨域协同、多模态数据融合等技术能力，以可信空间、隐私计算等技术联合创新实现去中心化数据融通。持续攻关通用大模型能力，通过 MoE 架构训练万亿参数大模型，综合性能达到国内一线水平。

深化智算基础设施布局。天翼云加速推进多层次智算算力布局，满足快速增长的智算算力需求。完善整体建设布局规划，适度超前建设智算基础设施，在热点区域建设超万卡的超大智算集群，西部地区打造大规模绿色智算池，2024 年智算规模达到 21EFLOPs（21 亿亿次浮点运算每秒）。打造跨 DC（数据中心）分布式无损网络，400G 高速全光网年底全国覆盖，并加快向 800G、1.2T 超大带宽升级，初步构建全国一体化算力互联网。

强化平台和数据支撑。在平台层面，天翼云升级一体化计算加速平台"云骁"，推动实现"异构计算+高速存储+无损网络+算力加速+高效运营"五大能力于一体。升级一站式智算服务平台"慧聚"，为大模型训练、推理、应用提供全栈工具链。升级算力分发网络平台"息壤"，攻克算力插件、算力网关、算数协同等一系列关键技术。在数据层面，天翼云积累了丰富的多模态高质量数据集，全面升级了数据综合管理平台，同时运用隐私计算、数据挖掘等技术，加速数据要素可信流通和价值释放。

深化智算云赋能应用。以自研翼云控系统+工业大模型+工业互联网"双跨"平台数据赋能新型工业化，服务工业设备国产化改造和效能提升。AI重构一网统管、城市运管服、智慧医疗、全域旅游等数字平台，重点打造超过 50 个行业场景的大模型，赋能数字社会和数字治理。围绕数据要素 X 行动，发挥数据中台能力，全面融合内部及行业数据，积极推动数据在多场景应用，推进数据要素价值充分释放。

完善智算云产业生态。天翼云汇聚头部人工智能企业、高校科研机构和行业客户，共同构筑开源大模型社区，提供 AI 资源的可信托管、开源工具链的持续优化和一站式交互开发平台，推进产业链的聚合创新和商业变现，共同繁荣中国 AI 生态。此外，天翼云联合业界伙伴共同启动"息壤区域算力互联互通及调度管理服务计划暨息壤城市算力互联网点亮行动"，通过多方资源共享、优势互补，实现多级算力互联和高效调度，促进加快形成全国一体化算力体系。

第三十一章

大数据企业

一、宇信科技

（一）发展情况

北京宇信科技集团股份有限公司（简称宇信科技）致力于成为全面领先的金融科技赋能者，为金融机构提供 IT 咨询规划、软件产品、解决方案和实施、运维与测试、系统集成、业务运营等形态丰富的金融科技服务和产品，充分满足客户数字化转型的不同需要。公司总部位于北京，现有员工 10000 余名。

2023 年，公司整体收入创出历史新高，达到 52.04 亿元，同比增长 21.45%。宇信科技与标准化产品公司积极合作，通过自主研发率先推出了首批金融行业大模型应用产品和解决方案，包括 4 个应用级产品和 1 个开发平台。在用 AI 升级赋能软件产品的同时，积极与外部软件、硬件生态搭建更完善的合作，将公司在行业的业务理解、产品能力和合作伙伴的产品进行整体封装，推出宇信一体机。与此同时，继续发挥公司的投资整合能力，布局和整合细分产品和生态公司，丰富公司产品线和综合经营能力。

2023 年，数据业务线在市场拓展、信创业务合作及产品创新各领域符合公司发展预期，亮点突出，且保持多样化发展，银行市场继续稳扎稳打、非银市场业务增长迅猛，特别是在央国企、金控集团业务全面铺开。

（二）发展策略

聚焦投入研发，夯实公司长期竞争优势。 公司在 2023 年的研发重点集中在信创生态产品、大模型应用、数据资产应用等核心方向。2023 年，公司研发投入 5.68 亿元，较上年同期增长 13.63%。截至 2023 年 12 月 31 日，公司软件著作权增至 718 件，专利 46 件。数据产品线方面，在解决方案与产品研发上，公司围绕"开放"与"赋能"的战略进行布局，通过新一代数据智能产品服务体系（UDIY，观星平台）为客户构建开放式的数据要素工程平台，形成 DIY+伙伴的数据共享平台。通过引入大模型组件，专注提升人均产能的效能研发，目标是让数据的供需方在数据资源加工与分析上专注数据价值型应用，降低在基础数据加工的高资源需求，达到"赋能"的闭环。公司结合生成式 AI 新技术和公司 25 年对金融业务的深刻理解以及积累的应用落地能力和经验，自主研发推出了首批金融行业大模型应用产品和解决方案，包括 4 个应用级产品和 1 个开发平台，即开发助手 CodePal、金融数据安全分级分类助手 DataSherpa、AI+信贷助手（客户尽调）、AI+营销助手、大模型应用开发平台。这 5 个产品和解决方案也得到了客户和市场的积极反馈，公司还在持续基于更多场景推出 AI+产品，同时整合软硬件一体的产品形态，积极把握大数据、大算力、大模型时代的技术发展趋势，切实为客户的业务带来提效增收的应用产品和解决方案。

稳步推进海外市场发展。2023 年，公司海外业务稳步推进，既有项目完成上线验收，二期、三期订单签订。在市场拓展方面，得益于过去几年的积累，公司在新加坡、柬埔寨、印尼、中国香港等市场收获较好反馈，积极推进新项目的签约。在出海策略上，公司强化了与生态伙伴的合作，将自研的、适应海外市场需求的金融科技产品，与生态伙伴的先进技术进行融合创新，并积极推动其在数字信贷、场景金融、数字渠道等业务场景的落地应用。同时，公司也在深入调研海外市场需求、监管政策、用户习惯的基础上，聚焦细分场景，为海外客户提供覆盖咨询规划、产品解决方案、交付实施、业务运营等一站式金融科技整体解决方案。

进一步搭建和深化生态建设，推进金融信创生态建设。公司将金融信创发展定为重要战略发展目标，积极布局金融信创建设、实施和相关服务工作，在信创推进的大环境下，发挥自有产品优势与国产基础软硬件积极适配，报告期内，公司产品已经累计取得近 400 个适配证书。为进一步深化 AI 领域布局、夯实金融科技生态圈建设，宇信科技与国产大模型公司北京智谱华章科技有限公司（简称智谱 AI）正式签署大模型合作协议。双方将聚焦技术创新、业务协同、平台与生态共建等方面展开深入合作，加速推动大语言模型技术在更多金融业务场景的落地应用，携手创造更多价值。目前，合作双方围绕不同的细分场景，已经与多家金融机构展开沟通交流，探索大模型在具体业务中的落地应用。

二、太极股份

（一）发展情况

太极计算机股份有限公司（简称太极股份）是国内电子政务、智慧城市和关键行业信息化的领军企业，2010 年在深圳证券交易所上市。公司瞄准数字政府、数字企业、数字国防，着力打造自主通用产品，提升数据运营服务能力，推动行业智能创新应用，助推国家治理体系和治理能力现代化建设，成为网络强国、数字中国、智慧社会建设的中坚力量。

公司历经多年发展，已形成包括人大金仓数据库、慧点 OA 办公等在内的信创产品体系。在数据库领域，人大金仓 2023 年实现营收 3.7 亿元，同比增长 8.38%，实现净利润 0.8 亿元，同比增长 49.60%，净利率同比提升 5 个百分点。公司持续深耕政务云和政务数据服务市场，积极践行"数据要素×"行动计划，促进数据要素价值释放。2023 年公司云与数据服务业务收入 10 亿元，同比增长 37%，占公司总收入的比重超过 10%。

2023 年，公司"一云多芯"首个信创政务云落地天津。在城市治理方面，"人-企-物"动态关系图谱等技术支撑多省市数据一体化项目建设；在政务服务方面，大模型赋能智能预审、智能咨询、数字人等新型应用及场景；在电力公共服务方面，行业数据空间数据库产品落地，形成"九大行业"+"1200 数据报告"+"400 万结构数据"成果。

（二）发展策略

大力发展"云+数据"服务业务，积极探索数据要素发展机遇。一方面，公司进一步加强政务云、国资云和信创云市场推广与产品迭代，云服务业务逐步向地市级延伸，成功中标湖北省随州市、江西省萍乡市、沈阳市沈北新区、大连市金普新区等地智慧城市云基础设施和平台建设。2023 年，公司云服务业务实现收入 4.80 亿元，同比增长 33.76%。另一方面，公司基于"云+数+应用"一体化模式，构建云数基础设施体系，探索数据资产的开发和利用，并成功中标北京市大数据目录体系及数据治理、北京城市码能力扩展和综合运行建设、广东省"互联网+监管"平台升级及运营服务、江西省省级电子政务云平台数据共享交换平台升级改造、北京市教育大数据整合与数据信息产品服务等数据服务项目，推进数据资源共享和流通，助力数据产业发展。

高度重视信创产业生态构建。2023 年 8 月，人大金仓发布金仓快速开发与运维平台、金仓分布式集群软件和金仓集中运维管控一体化平台等新产品。2023 年 9 月，华润电力与慧点科技达成签约，携手升级 OA 系统，以满足华润电力业务运转需求。慧点科技作为信创国家队成员，位居协同办公市场份额前三，拥有丰富的大中型政企协同办公经验，将为华润电力提供专业的产品、服务与建设经验。

加大研发投入，积极拥抱 AI 大模型。公司不断加大研发投入力度，2023 年全年研发投入 7.26 亿元，占公司营业收入的比例达到 7.9%，研发人员占比达 59.77%，较 2022 年增加了 5.98 个百分点。公司承担的国家某部委人工智能类重大专项通过验收，该项目面向共性需求，研发通用智能知识服务平台，在智慧政法、公共安全、智慧城市、智能企业等多产业领域推广应用，产生了良好的社会和经济效益。

三、启明星辰

（一）发展情况

北京启明星辰信息技术集团股份有限公司（简称启明星辰）作为国内成立最早、最具实力且拥有完全自主知识产权的综合性信息网络安全企业，多年来，公司一直在为企业级用户提供网络安全软/硬件产品、可信安全管理平台、安全服务与解决方案。公司所属行业为信息网络安全，公司的用户覆盖电信、金融、制造业、能源、交通、传媒、教育等各个领域。

凭借在数据安全领域二十余年的深耕和对行业及用户需求的深刻洞察，启明星辰对数据安全治理、数据流通安全等多层次、多节点数据场景有深刻的理解，具有强大的技术优势和丰富的项目建设经验，可为客户提供涵盖管理体系、运营体系及技术支撑体系的整体数据安全解决方案，帮助用户积极应对数据安全风险，筑牢数据安全防线。启明星辰 2021 年底首创性地提出了"数据绿洲"三阶段数据安全战略，并随着自身安全能力的发展以及与中国移动战略协同的深入不断升维。2023 年，启明星辰发布新一代数据安全"数据绿洲"战略能力，遵循数据资源化、资产化、资本化的发展通道，将安全融入行业数据治理开发及数据要素流通相关业务中，实现数据与安全、数据与行业、数据与应用的紧密结合，突出和打造了数据汇聚、治理、开发、分析、流通，以及安全识别、保护、检测、预警及响应的十大战略能力，实现在数据要素化下的"安全与业务战略协同"新体系。同时，新一代数据安全"数据绿洲"战略能力进一步聚焦数据流通保护，创新构建了可信要素治理空间，构建一体化数据安全底座，为数据在"三域"内的流动提供"影卫"式安全保护。

（二）发展策略

紧跟前沿技术和新场景，聚焦新质生产力主阵地，技术创新塑造发展新动能、新优势。 在中国移动提供的算力平台支持下，公司启动了安全垂直领域大模型的研发，以中国移动九天大模型为基座，结合自身丰富的安全数据集，利用多个高质量安全知识库对基础大模型进行了训练优化，并设计了大量优化后的提示模板，使得优化后的大模型对安全问题的分析和处理能力有了显著提升。基于 AI 安全大模型，升级了"PanguBot（盘小古）"智能安全机器人，赋予"盘小古"更强大的安全智能分析能力。在安全运营中心，"盘小古"可作为安全分析人员的智能助手，实现本地安全数据分析、告警上下文关联、安全事件分析与解释、响应策略制定等功能，从而大大提升一线安全分析人员的工作效率。

扩展供给侧技术能力，持续加强关键核心技术产品化落地。 公司发布了IAM（IDaaS）[①]，提供身份与访问的综合管理，对身份进行合法性校验，实现基于身份的精细化访问管理，打造具备一体化全程可信的数字身份底座。新发布商用密码服务管理平台，面向用户业务系统提供统一密码资源池、统一密码应用、统一密码运营监管等服务，满足用户密评、密改的合规建设需求以及密码实际应用需求。持续布局信创安全，着力打造建立在大数据、云计算、新能源等应用场景之上的信创安全能力，除兼容各种主流信创平台处理器和操作系统外，对内存、网卡、硬盘等信创基础组件也具备了全面的生态适应能力，通过不断提升对信创基础组件的生态适应能力，形成了多样化的信创安全产品布局。

---

① IAM 指身份与访问管理（identity and access management）。IDaaS 指身份即服务（identity as a service）。

第三十二章

人工智能企业

一、阿里巴巴

（一）发展情况

阿里巴巴（中国）网络技术有限公司（简称阿里巴巴）成立于 1999 年，总部位于浙江杭州。近年来，阿里巴巴不断强化人工智能领域布局，先后打造飞天 AI 平台、达摩院和人工智能治理与可持续发展实验室等人工智能产业发展平台，并不断强化人工智能基础设施建设，建设多个超大规模智算中心。2023 年，阿里巴巴进一步将人工智能提升到企业战略高度，提出"用户为先，聚焦人工智能"的发展战略，并大力布局生成式人工智能。2023 年 4 月，阿里云峰会上推出了大语言模型"通义千问"，并于 9 月 13 日通过首批备案，正式上线向公众开放。10 月，阿里云在云栖大会上发布了一站式大模型应用开发平台——百炼。阿里达摩院医疗 AI 实验室联合多家医院找到了一种胰腺癌早筛的方法，建立了大模型 PANDA。据《中国 AIGC 产业全景报告》，阿里巴巴在 2023 年中国 AIGC 产业的营收规模排名第一，占比达到 35.8%。

（二）发展策略

通用+专用齐抓，各领域多点开花。2023 年，阿里巴巴发布 6 个通义系列人工智能产品，既包含通用底座大模型通义千问，又包括面向文字处理、代码编写、文生图、文生视频等各个应用领域的专用大模型。其中，通义千问大模型是对标 ChatGPT 的超大规模预训练的多模态模型，涵盖创意文案、办公助理、学习助手、文本回答、文档解析、图片识别等多个功能。此外，阿里巴巴还推出了面向智能阅读论文和电子书的通义智文；面向代码续写和不全的通义灵码；可以文生图、图生图的 AI 绘画大模型通义万相；只需要图片和音频文件就能生成面部表情丰富视频的 AI 图生视频模型 EMO 等。通义系列产品的发布意味着阿里云将大模型能力正式规模化走向企业和产业应用。

坚持开源开放，打造活跃开发生态。阿里云持续开源通义 1.8B、7B、14B、72B 和通义 VL 等模型，并于 2023 年 10 月发布通义千问 2。2023 年 12 月，阿里云发布通义千问 720 亿参数的 Qwen-72B 模型，该模型在多项权威测试中表现优异，一度在全球最大模型社区 Hugging Face 的开源大模型排行榜中登上榜首。2024 年 2 月 5 日，阿里云开源了通义千问 1.5，包含了 0.5B、1.8B、4B、7B、14B 和 72B 模型，并于 4 月 28 日，再次开源了 110B 模型，性能表现优于 LLaMA-3-70B。据阿里巴巴公布的数据，截至 2024 年 5 月，通义开源模型下载量超过 700 万次。此外，2023 年，阿里云与中国计算机学会联合推出的开放平台魔搭社区快速发展，共集聚 4600 多个优质模型、1300 多个数据集，覆盖 450 万活跃用户。

坚持以云赋能，打造坚实基础设施。阿里巴巴针对创业企业的大模型训练需求，推出百炼平台，为企业提供高性能、大规模的一站式高效开发训练。同时，面对越来越多的 AI 应用需求，提供了高弹性推理算力、AI 应用开发工具链和 AI 内容安全等成熟的解决方案。当前，阿里巴巴成为诸多公司 AI 服务上云的重要选择，阿里巴巴数据显示，全国 80% 的科技企业和超过一半的人工智能大模型公司都运行在阿里云上，例如，百川智能、智谱 AI、零一万物、昆仑万维、vivo 以及复旦大学等选择在阿里云平台上进行大模型训练和应用。

坚持应用为先，全面赋能业务发展。阿里巴巴将人工智能作为突破性用户体验和商业模式的核心驱动力。在电商领域，利用人工智能技术实现智能推荐、智能搜索、智能客服、智能物流等功能。2023 年"双十一"期间，阿里巴巴平台上有超过 90% 的订单由人工智能智能推荐产生，超过 80% 的搜索结果由人工智能智能排序产生。在数字媒体与娱乐领域，人工智能技术为用户提供内容分析、推荐、创作、票房预测、观众画像功能，为用户带来更多便利。

二、智谱 AI

（一）发展情况

北京智谱华章科技有限公司（简称智谱 AI）成立于 2019 年 6 月，位于北京市中关村。智谱 AI 是一家源自清华大学计算机系技术成果转化形成的高科技企业，主要致力于打造新一代认知智能大模型。自成立以来，智谱 AI 已发布拥有自主知识产权的开源百亿大模型 GLM-10B；效果对标 GPT-3 的高精度千亿开源模型 GLM-130B；代码生成模型 CodeGeeX；支持 100 多种语言预训练的开源模型 mGLM-1B 等。2023 年，智谱 AI 发布千亿基座的对话模型 ChatGLM 和多模态对话模型 CogVLM。6 月，发布全面升级的 ChatGLM2 模型矩阵，模型能力登顶 C-Eval 榜单。8 月，智谱 AI 研发的大模型产品 AI 生成式助手"智谱清言"正式上线。在 2023 中国计算机大会（CNCC）上，智谱 AI 发布了全面升级的 ChatGLM3 模型及相关系列产品。智谱 AI 公司自成立以来，已获得人工智能相关领域的多项荣誉，被评为北京市专精特新中小企业、国家高新技术企业。

（二）发展策略

打造完备产品矩阵，性能高频持续升级。智谱 AI 拥有完备的大模型矩阵，产品包括人工智能助手智谱清言、代码生成模型 CodeGeeX、文生图模型以及多模态模型 CogViewCogVLM 等。2023 年智谱 AI 不断加大基座大模型研发投入力度，产品保持大约平均 3 个月进行一次更新的迭代速度：3 月，发布千亿参数对话基座模型 ChatGLM-6B，兼具中英双语训练功能，可处理更长的对话序列，并在 6 月升级 ChatGLM2-6B，显著提升了数据集处理能力、文字长度处理、推理速度等方面的性能，10 月进行了第三次产品升级，在提高性能的同时也提升了语音能力和逻辑能力，实现了更高效的推理和降本增效。2024 年 1 月，智谱 AI 推出新一代基座大模型 GLM-4，整体性能相比上一代大幅提升。

坚持协作共创理念，加速技术创新和商业落地。一方面，智谱 AI 为充分发挥学术界力量，联合中国计算机学会（CCF）发起成立了 CCF-智谱大模型基金，联合中国中文信息学会社会媒体处理专委会发起了 SMP-智谱大模型交叉学科基金，推动大模型相关的理论、算法及应用创新。智谱 AI 为

30 余所高校参与的 41 个研究项目累计提供了超过 1000 万元现金和算力资源的科研支持。在技术升级的同时，智谱 AI 积极寻求商业落地方案，截至 2024 年 3 月，智谱 AI 已与华泰金融、蒙牛、上汽乘用车、贝壳、WPS 等 200 多家企业开展了深度合作，并与 2000 多家生态合作伙伴建立了合作关系，打造了 1000 多个大模型规模化应用。

三、月之暗面

（一）发展情况

北京月之暗面科技有限公司（简称月之暗面或 Moonshot AI）成立于 2023 年 4 月，总部位于北京市海淀区，是人工智能领域的高科技企业。2023 年 10 月，月之暗面在"长文本"领域取得重大突破，推出支持输入 20 万汉字的智能助手 Kimi Chat，并于 2024 年 3 月进一步升级，支持输入长度达到 200 万字。Kimi Chat 可以实现长文总结生成、联网搜索、代码编写、用户交互和翻译等功能，在金融、法律等领域展现出了巨大潜力。截至 2024 年 3 月，Kimi Chat 下载量超过 50 万次。自成立以来，月之暗面已获得多家机构和企业融资，最新估值已达 30 亿美元，即超过 200 亿元人民币，在大模型创业企业的竞争激烈中保持着领先地位。其中，在 2024 年 2 月获得的 10 亿美元融资创下了当时国内人工智能领域单笔融资的最高纪录。

（二）发展策略

以技术提升为核心，打造高质量产品。月之暗面的 Kimi Chat 通过优化网络结构和工程方法，实现了千亿、万亿参数上的无损长程注意力机制，使其能够支持更长的上下文。用户可以一次性上传文件大小不超过 100M 的 50 个文件，支持 PDF、WORD、PPT、XLS、TXT 等多种常见文本格式，极大地提升了用户体验。同时，强大的文本处理能力也让月之暗面的 Kimi Chat 在长文本理解和分析领域获得了广泛和深入的应用，如 Kimi Chat 可以一次性接收一份完整的近百万字的中医诊疗手册，并针对用户问题给出建议。

定位 C 端市场，探索收费商业模式。月之暗面着力为个人用户提供人工智能产品，推出面向 C 端的 Kimi Chat 人工智能助手。AI 产品榜（aicpb.com）数据显示，2024 年 4 月，Kimi Chat 人工智能助手的网页版访问量达 2004 万次，访问量超过百度的文心一言，位居国内同类产品的首位。另外，

QuestMobile 的数据显示，2024 年 3 月，Kimi Chat 人工智能助手的 APP 月活跃用户数量达到 589.7 万，微信小程序月活跃用户数量超过 91.1 万。在产品能力升级的同时，月之暗面也开始探索可落地的商业模式，例如，Kimi Chat 人工智能助手推出了不同级别的"打赏方案"，短期为 5.2 元/4 天，长期为 399 元/365 天。

四、MiniMax

（一）发展情况

上海稀宇极智科技有限公司（简称 MiniMax）是 2021 年 12 月成立的大模型初创公司，致力于推动通用人工智能技术突破。自成立以来，MiniMax 面向文本到文本、文本到视觉、文本到语音 3 个领域，打造了万亿参数的 MoE（混合专家模型）文本大模型、语音大模型和图像大模型，并推出了多款人工智能原生应用。截至 2024 年初，MiniMax 的估值超过 25 亿美元。

（二）发展策略

全面转向 MoE 架构，性能持续提升。当前，大模型发展主要有 Dense（密集型）和 MoE（混合专家模型）两个方向，其中 Dense 类模型需要使用输入数据对所有参数进行更新，而 MoE 模型可以仅针对与任务紧相关的某些特定部分参数进行更新。相比 Dense 模型，MoE 模型在相同情况下，对资源消耗更少、速度更快。2023 年 6 月，MiniMax 全面转向 MoE 架构，在 2024 年 1 月发布了基于 MoE 架构的千亿参数模型 abab6，4 月发布了基于 MoE 架构的万亿参数模型 abab6.5。据 MiniMax 官方数据，在多项性能测试中，abab6.5 性能与 OpenAI 的 GPT4、Anthropic 的 Claude 3 Opus 以及谷歌的 Gemini 1.5 Pro 等领先的大语言模型接近。

打造开放平台，推动 B 端 C 端同步发展。2023 年 3 月，MiniMax 打造了"MiniMax 开放平台"，为开发者和企业用户提供 API 调用服务，并提供丰富的配套工具。至 2023 年底，平台已经服务了国内 2 万多家企业客户和个人创业者，包括金山办公、小红书、腾讯、小米等多家企业，涉及办公协作、教育、医疗、客服等十多个行业场景。截至 2024 年 1 月，MiniMax 开放平台日均 Tokens 处理量达数百亿，是国内公有云上调用量较大的大模型开放平台。2023 年 8 月，MiniMax 在 B 端推出基于 MoE 架构的大语言模型

ABAB，为企业提供定制化 API 接口，支持包括办公、社交、医疗等不同的业务场景，如为 WPS 提供文本生成、要点总结、Excel 表格处理以及 PPT 生成等功能，实现产品升级的同时提高服务质量，增强用户体验。MiniMax 在 C 端推出智能对话机器人生成平台 Glow，4 个月内便吸引了近 500 万用户，每日用户调用量达到上亿次，还推出海螺 AI、AI 内容社区星野等原生应用。在海外，MiniMax 的大模型原生应用"Talkie"已成为美国市场上第二大 AI 互动娱乐 APP。

第三十三章

开源软件企业

开源发展已成大势，国内企业参与开源生态的建设如火如荼。以阿里巴巴、华为、腾讯、百度等著名大企业为代表的国内信息技术企业在开源社区、顶级项目中的参与度和贡献度进一步提升。当前，阿里巴巴仍然是我国开源活跃度最高的开源企业，而华为则是国内乃至全球范围内最重要的开源生态建设者，中兴通讯、小米、360、百度、腾讯等企业也正在逐步加大对全球开源世界的贡献量，力图获取更多的产业发展要素和国际话语权。

一、华为

（一）发展情况

华为是我国最大的民营通信科技公司，其主营业务是通信设备的销售和相关行业解决方案。2022 年《财富》评选的世界 500 强企业中，华为排名位于全球第 72 位。根据《2022 年中国软件竞争力百强发展报告》，华为公司位列我国软件竞争力百强企业第 2 位，排名相较上年下滑 1 位。近年来，华为积极参与国际大型开源项目，曾成为 Linux Kernel 5.10 代码贡献排名第一、Kubernetes 代码贡献量亚洲排名第一的企业。

（二）发展策略

过去十余年，华为秉承"源于开源，强于开源，回馈开源"的理念，通过持续贡献，携手生态伙伴、开发者，共同构建基础软件生态体系，夯实数字基础设施的生态底座，加速推动千行百业数字化进程，在全球开源社区中发挥着积极的作用，成为全球开源软件价值体系中的关键力量。

深耕基础软件开源开发。凭借三十多年的 ICT 技术积累，华为在开源领域深耕基础软件，积极拥抱开源软件开发的巨大优势，与生态伙伴及开发者，共同构建基础软件生态体系，夯实数字基础设施的生态底座，加速推动千行百业数字化进程。目前，华为围绕操作系统、数据库、AI 框架等技术，建设了 openEuler、openGauss 和 MindSpore 三大开源社区，如今已初具规模，充满活力。

全力推进开源文化和人才培育。华为与教育部合作，共同建设"智能基座"产教融合协同育人基地，如今已经与 72 所高校开展合作，累计开设 1000 多门课程，培养了 1500 多名教师，计划 5 年培养 300 万名高校开发者。此外，为更好地汇聚产业创新力量，华为联合北京、广州、深圳、成都、武汉、南京这六大城市，协同 8 家操作系统伙伴共同启动首批"欧拉生态创新中心"，以覆盖服务器、云计算、边缘计算、嵌入式等全场景的能力优势，提供生态适配、人才培养、联合创新、产业聚集、社区共建等五大类生态服务，助力区域产业数字化转型，推动区域数字经济发展。

深度参与国际开源生态贡献。华为是全球主流开源产业组织的积极参与者和支持者，目前是 Apache 基金会、Eclipse 基金会、Linux 基金会、开放原子开源基金会、OIF 基金会等数十个国际开源基金会的顶级成员或初创成员，并服务数十个董事席位，以及数百个 TSC（技术指导委员会）、PMC（项目管理委员会）、PTL（项目技术负责人）、Maintainer（维护者）、Core Committer（核心提交者）席位。

2023 年，华为新开源 79 个项目，版本数量超过 60 个，社区用户数量超过 687 万人，社区贡献者超过 3.6 万人，Star 数超过 6.5 万，下载量超过 828.6 万次，输出高质量技术文章超过 1000 篇，参与开源产业活动超过 100 场，华为自办社区活动超过 170 场，以领先技术回馈社区，与开发者共同成长。2023 年 1 月，华为成功入选 2022 中国技术品牌影响力企业榜 30 强。在代表性开源人物方面，2022 年 7 月，华为首席开源联络官、开源与开发者产业发展副总裁任旭东在第十七届开源中国开源世界高峰论坛上被评选为"2022 中国开源杰出贡献人物"。2023 年 1 月，华为有 4 人入选 2022 中国开源先锋 33 人榜单。

二、阿里巴巴

（一）发展情况

阿里巴巴成立于 1999 年，致力于为商家、品牌、企业提供基础技术服务和商业营销平台，帮助其通过数字技术实现高效经营。二十多年来，阿里巴巴以"让天下没有难做的生意"为使命，已由一家电子商务公司彻底蜕变为以技术驱动，包含数字商业、金融科技、智慧物流、云计算、本地生活、文化娱乐等场景的数字经济体，服务数以亿计的消费者和数千万的中小企业。在 2022 财年，阿里巴巴服务的年度活跃消费者约为 13.1 亿，其中超过 10 亿消费者来自中国，3.05 亿消费者来自海外。2022 年 8 月 InfoQ 最新发布的《中国开源发展研究分析 2022》研究报告中显示，阿里巴巴的开源贡献再次位居中国开源 Top10 榜单的第 1 位，其中 11 大开源项目上榜中国开源项目 Top30 榜单，超过榜单总数的三分之一。

（二）发展策略

阿里巴巴的开源经历了使用、贡献、开拓 3 个阶段。阿里巴巴在创业早期就大量使用开源软件，技术的发展根植于开源的沃土中。当阿里巴巴在大规模互联网系统和云的研发中积累越来越多的技术经验、解决越来越多新的问题后，也积极地将自己的实践以开源软件的形态回馈到社区。

阿里巴巴开源的动力来自 3 个层面。第 1 个层面是，阿里巴巴本身就是开源软件的使用者，在使用开源的过程中，公司内部就有一些依托于实际场景对开源的补充性产品，阿里巴巴往往会将这类产品直接回馈社区。第 2 个层面是，阿里巴巴的技术团队有技术品牌和团队影响力方面的诉求，在不影响公司核心技术优势的前提下，开源为他们提供了一个良好的与其他程序员交流的媒介。第 3 个层面是公司战略的需要，开源具备免费与开放两个优势，因此在一些特定领域，阿里巴巴会选择使用开源的方式，来让客户更好、更快地接受其关键组件，以便于公司核心商业生态的建设。

2006 年以来，阿里巴巴已经开源超过 3000 个项目，重点开源项目包括 Apache Dubbo、Apache RocketMQ、Nacos 等。由阿里巴巴捐赠并持续维护的 Apache RocektMQ、Apache Dubbo 均为 Apache 基金会顶级开源项目，Dragonfly 项目成为 CNCF 基金会孵化项目，拥有庞大的社区开发者和用户群体。此外，阿里巴巴还为 Flink 全球社区培养了四分之一的提交者（committers）。

阿里巴巴深度参与国内外顶级开源基金会及组织，包括开放原子开源基金会、Linux 基金会、CNCF 基金会、Apache 软件基金会、开放容器组织（OCI）等，是 Linux、MySQL、Redis、JVM、Kubernetes、containerd、Apache Flink、Envoy 等知名开源项目的贡献者和维护者。

在国内，阿里巴巴联合统信、龙芯、飞腾、兆芯、中国联通、电信云、移动云等单位，于 2020 年 9 月共同发起成立了龙蜥开源社区（OpenAnolis），旨在打造一个操作系统核心技术及生态创新平台。龙蜥开源社区集合了云平台、专业操作系统厂商、电信网络、芯片公司等生态伙伴，共同推进软硬件及应用生态创新发展。至 2022 年 11 月，龙蜥开源社区的开源服务器操作系统 Anolis OS 已有超过 300 万装机量和 230 万次下载量，累计服务 30 万名用户，联合产业链上下游近 250 家合作伙伴共建开源操作系统生态。

三、腾讯

（一）发展情况

深圳市腾讯计算机系统有限公司（简称腾讯）是一家世界领先的互联网科技公司，成立于 1998 年，总部位于中国深圳。公司一直秉承科技向善的宗旨，为全球用户带来丰富的互动娱乐体验。腾讯还提供云计算、广告、金融科技等一系列企业服务，支持合作伙伴实现数字化转型，促进业务发展。2004 年，腾讯于香港联合交易所上市。目前，公司设有企业发展事业群、云与智慧产业事业群、互动娱乐事业群、平台与内容事业群、技术工程事业群、微信事业群六大事业群。

（二）发展策略

积极参与开源贡献。腾讯是 Github 全球企业开源贡献榜中 Top10 的企业，开源了超过 160 个项目，覆盖微信、腾讯云、腾讯游戏、腾讯 AI、腾讯安全等相关领域，累计获得超过 41 万开发者的关注，广受国内外认可。腾讯积极推动 TencentOS 内核开源，向全球开发者全面开放近十年的技术积累。2022 年 6 月 22 日，腾讯推出的开源操作系统 OpenCloudOS 正式发布首个源社区（L1）项目及首个全量软件包（L3）版本，并首度披露其技术研发路线图。至此，OpenCloudOS 成为具备全链路自研的服务器操作系统，既能为国内企业提供安全稳定的上游版本，也能提供满足企业级稳定性需求的软件供应版本。在社区贡献方面，腾讯持续贡献着超过 30 个主流开源社区，并在 9 个国际开源项目贡献中处于主导地位。此外，腾讯还连续 5 年入围全球企业 KVM（基于内核的虚拟机）开源贡献榜。

深度参与生态共建。作为开放原子开源基金会的发起人之一，腾讯与开放原子开源基金会的合作不断加强，腾讯将三大核心技术板块——物联网操作系统 TencentOS Tiny、企业级容器编排引擎 TKEStack 全部捐赠给了开放原子开源基金会，云原生操作系统 OpenCloudOS 已经通过技术审查委员会（TOC）准入评审。此外，腾讯云还创立了腾源会，致力于帮助开源项目健康成长，为开源爱好者提供交流协助的空间，也让开源领导者能发挥领袖价值，促进全球开源生态的繁荣。

政　策　篇

第三十四章

《"十四五"软件和信息技术服务业发展规划》

一、政策背景

　　软件是新一代信息技术的核心，构成数字经济发展的根本基石，对于建设制造强国、网络强国、数字中国发挥着关键支撑作用。软件不仅开辟了数字化发展的新领域，而且推动了新一代信息技术的持续迭代与创新。作为信息技术的重要承载平台及产业融合的核心纽带，加快发展软件和信息技术服务业对于构建现代产业体系具有极其重要的战略意义。在"十四五"这一我国开启全面建设社会主义现代化国家新征程的初始五年，面对全球新一轮科技革命和产业变革的新趋势，软件和信息技术服务业正迎来新的发展契机。为贯彻实施国家软件发展战略，落实《关于深化新一代信息技术与制造业融合发展的指导意见》等相关政策部署，依据《中华人民共和国国民经济和社会发展第十四个五年规划和 2035 年远景目标纲要》的总体要求，特制定《"十四五"软件和信息技术服务业发展规划》(本章以下简称《规划》)。

二、主要内容

　　《规划》立足新发展阶段，完整、准确、全面贯彻新发展理念，构建新发展格局，以推动高质量发展为主题，明确提出到 2025 年软件和信息技术服务业的"四新"发展目标，即产业基础实现新提升、产业链达到新水平、生态培育获得新发展、产业发展取得新成效。

　　《规划》总共包括 **5 个部分**，设置了"**5 个主要任务、8 个专项行动、5 个保障措施**"。其中，围绕软件产业链、产业基础、创新能力、需求牵引、产业生态部署 5 个主要任务。为确保《规划》中设定的各项任务得以顺利实施，《规划》制定了以下 8 个专项行动：关键基础软件补短板、新兴平台软件锻长板、信息技术服务应用示范、产业基础能力提升、"软件定义"创新应用培育、工业技术软件化推广、开源生态培育及软件产业高水平集聚。同时，配套实施 5 个保障措施：健全组织实施机制、加大财政金融扶持、打造一流人才队伍、强化安全服务保障、深化国际开放合作。

《规划》在回顾了"十三五"时期软件和信息技术服务业的发展成果之上，提出了至 2025 年的总体目标。在"十四五"时期，我国软件产业将实现以下四大提升。一、产业基础方面，计划制定 125 项重点领域国家标准，并在软件内核、开发框架等基础组件供给上实现重大突破。二、产业链水平方面，将重点提升基础软件、工业软件等关键领域的软件能力，充分发挥关键软件在制造业数字化转型中的核心作用，力争到 2025 年工业 APP 数量突破 100 万个。三、生态培育方面，除了继续扶持软件产业骨干企业，开源社区和软件名园将成为"十四五"时期软件产业生态发展的重要支撑。四、产业发展成效方面，预计到 2025 年，规模以上企业软件业务收入将突破 14 万亿元，年均增长率达到 12% 以上，从而全面提升软件产业规模实力，合理安排产业结构。

明确了总体任务。推动软件产业链升级是当前工作的重点之一。在软件产业链的优化过程中，需加速实施"补短板、锻长板、优服务"策略，巩固和提升产业链上游基础软件的开发环境与工具实力，提高中游工业软件、应用软件、平台软件、嵌入式软件的水平，并增加下游信息技术服务产品的供给，从而全面提升软件产业链的现代化程度。

在基础软件领域，应推动操作系统、数据库、中间件等国产软件的研发及推广应用；在工业软件领域，研发并推广计算机辅助设计、仿真、计算等工具软件，以满足数控机床、集成电路、航空航天装备、船舶等重大技术装备，以及新能源和智能网联汽车等重点领域的需求，提升产业数字化能力；在应用软件领域，针对金融、建筑、能源、交通等关键行业的需求，加快开发数字金融、智慧能源管理、智能交通管理、智能办公等应用软件；在新兴平台软件领域，围绕云计算、大数据、人工智能、5G、区块链、工业互联网等数字经济重点领域培育产品，并加快第六代移动通信（6G）、量子信息、卫星互联网、类脑智能等前沿领域软件技术的研发。

《规划》对嵌入式软件、信息技术服务等方面的发展提出了展望，一方面对产业链上中下游相关软件的研发与创新提出了新的要求，另一方面基于我国产业数字化场景，对制造业、建筑业、交通运输业、金融服务业等多个产业的软件应用进行了布局。提升产业基础保障水平是《规划》强调的另一个关键点，包括产业发展基础的共性技术、基础资源库、基础组件等方面，强化质量标准、价值评估、知识产权等基础保障能力，推动资源开放共享，确保软件开发基础的坚实，并以质量标准、知识产权保护保障软件的高质量发展。

《规划》还提出了强化产业创新发展能力，构建以产学研用协同创新为核心的联动体系，涵盖创新模式、创新平台、创新机制、创新运营服务等多个方面，以壮大创新力量。激发数字化发展新需求是《规划》的又一目标，将软件产业与生产、分配、流通、消费各环节深度融合，加快数字化发展进程，全面推进软件重大应用，重点支持制造业数字化转型，并在普惠金融、物流、交通、建筑、农业、智慧城市等数字化重点领域发挥作用，扩大和升级信息消费领域。最后，《规划》提出了完善协同共享产业生态的要求，包括培育壮大市场主体、加快繁荣开源生态、提高产业集聚水平等方面。

《规划》在关键软件、开源生态、产业融合方面提出了新的要求。在"十四五"规划期间，关键软件在产业发展中的核心地位得到了明确界定。目前，关键软件已成为制约我国产业升级和软件产业高质量发展的关键因素，我国依然面临"卡脖子"的技术难题。在此背景下，我国在"十四五"时期将重点推动关键软件的发展，促进国产应用的创新与突破，构建完善的国产软件生态系统。同时，针对软件开源生态，"十四五"规划也提出了新的要求，包括培育开源项目、加强开源社区建设以及提升开源治理能力，以营造良好的软件开源环境。

第三十五章

《生成式人工智能服务管理暂行办法》

一、政策背景

生成式 AI 技术，以其强大的创新潜力和应用前景，正在深刻改变信息传播、内容创作、教育、娱乐、设计等多个领域。然而，伴随其快速发展，也暴露出数据安全、知识产权、内容真实性、伦理道德、用户隐私等方面的问题。《生成式人工智能服务管理暂行办法》（本章以下简称《办法》）的出台旨在填补我国在生成式 AI 研发及服务规范方面的法规空白，通过明确的指导原则和具体规定，引导相关企业、研究机构和个人遵循合法、合规、负责任的发展路径，促进生成式 AI 行业的健康、有序、可持续发展。

二、主要内容

（一）适用范围

根据《办法》第二条规定：利用生成式人工智能技术向中华人民共和国境内公众提供生成文本、图片、音频、视频等内容的服务，适用本办法。这意味着境外 AIGC 服务提供者（无论是模型层还是应用层），无论是直接向境内提供相关服务，还是通过 API 接口或其他形式"封装"后提供"间接"服务，都将受限于管理办法的相关规定。此次管理办法引入了一项"安全港"例外，即"行业组织、企业、教育和科研机构、公共文化机构、有关专业机构等研发、应用生成式人工智能技术，未向境内公众提供生成式人工智能服务的，不适用本办法的规定"。因此，如果只是内部研发或者使用相关技术，不对外提供服务，则只要获得技术提供方的授权以及遵守网络安全、数据和个人信息保护等相关法律法规的，即符合此次《办法》的规定。这缓解了许多企业接入生成式人工智能服务用于改善工作效率等内部应用的合规顾虑，体现了《办法》审慎包容、鼓励创新的监管思路。

（二）分类分级监管规则

根据《办法》第三条规定：对生成式人工智能服务实行包容审慎和分类分级监管。第十六条进一步规定：国家有关主管部门针对生成式人工智能技术特点及其在有关行业和领域的服务应用，完善与创新发展相适应的科学监管方式，制定相应的分类分级监管规则或者指引。虽然管理办法并没有进一步展开分级监管的具体规则，但预计相关内容会在即将出台的《人工智能法》中做出规定。由于生成式人工智能具有通用性，"包容审慎和分级分类"的监管思路有助于《办法》作为生成式人工智能领域的"基本法"保留一定灵活性，各监管部门、行业主管部门、标准化组织亦可以在此基础上制定更加细化的生成式人工智能分级分类规则，并针对特定行业、特定应用或某些高风险的生成式人工智能服务制定更为严格的规范。此外，《办法》针对生成式人工智能服务的一些主要应用场景，规定利用生成式人工智能服务从事新闻出版、影视制作、文艺创作等活动需遵守相关领域的监管规定，与现有制度对接。

（三）算法及内容安全的规定

根据《办法》第四条规定：提供和使用生成式人工智能服务，应当遵守法律、行政法规，尊重社会公德和伦理道德。为了遵守法律法规和体现社会主义核心价值观，对于实时交互内容审核和利用 AI 生成内容，需要加强敏感内容审核，例如涉政、涉黄、涉暴等内容，以确保信息的安全和合规性。然而，特殊的 prompt 指令可能会绕过 AI 自身的安全机制，增加审核的难度和复杂度。为了解决这个问题，网易易盾针对 AIGC+UGC 场景下的机器审核能力，可根据业务场景配置审核的松紧程度，选择适当的审核策略来满足不同场景的合规要求。如在语聊对话场景中，存在真实用户和智能机器人两种角色，这要求机审能够快速识别不良信息，确保人机聊天的实时性。AI 机审技术可根据业务场景不同，在 UGC 内容和 AIGC 生成内容配置不同的松紧度审核策略，兼顾用户使用体验和内容安全合规性。

第三十六章

《元宇宙产业创新发展三年行动计划（2023—2025 年）》

一、政策背景

党的二十大报告明确提出，应推动战略性新兴产业的融合与集群发展，构建新的增长引擎。元宇宙作为人工智能、区块链、5G、物联网、虚拟现实等新一代信息技术的综合应用，具有广阔的发展空间和巨大的潜力，是未来产业的重要组成部分。发展元宇宙产业，将有效拓展数字经济的新场景、新应用、新生态，进而培育经济新动能。尤其是推动工业元宇宙的虚实融合与互促，将加速制造业向高端化、智能化、绿色化方向升级，成为新型工业化建设的关键着力点之一。当前，新一轮科技革命和产业变革正深入推进，全球元宇宙产业快速发展，各国纷纷加强政策支持和资源投入。我国制造业体系完善，应用场景丰富，市场潜力巨大，数字经济呈现蓬勃发展态势，具备发展元宇宙产业的坚实基础。然而，在关键技术、产业生态、领军企业、标准治理等方面，我国仍存在一定的短板和弱项。为加速凝聚业界共识，集中资源推动关键技术创新，构建协同发展的产业生态，形成推动元宇宙产业发展的合力，工业和信息化部等五部门联合印发了《元宇宙产业创新发展三年行动计划（2023—2025 年）》（本章以下简称《行动计划》）。

二、主要内容

《行动计划》主要阐述我国在元宇宙领域的发展规划，概括为五大任务：构建先进的元宇宙技术和产业体系、培育三维交互的工业元宇宙、打造沉浸交互的数字生活应用、构建系统完备的产业支撑体系、构建安全可信的产业治理体系。具体措施包括十四项，如加强关键技术集成创新、丰富元宇宙产品供给、构筑协同发展的产业生态、探索推动工业关键流程的元宇宙化改造等，这些措施紧密围绕五大任务，进一步明确了各自的实施方向和关键突破点。此外，《行动计划》还包括四项工程：提升关键技术、培育产业生态、工业元宇宙赋能、强化产业基础，这些工程从技术、生态、赋能、产业基础等多个维度出发，为实践落地五大任务提供了重要的支撑平台。

如何构建先进元宇宙技术和产业体系。《行动计划》针对我国在核心技术领域发展不足、产品种类单一、产业规模较小等问题，提出了深化人工智能、区块链、云计算、虚拟现实等技术在元宇宙领域的融合与创新，以加快关键技术的战略布局，并加强基础软硬件的研发创新工作，特别是在高端电子元器件、建模软件等关键领域力求实现突破。在元宇宙产品供给层面，该计划着重于满足社交、文娱、办公等现实需求，重点发展元宇宙入口、虚拟空间应用工具及平台。同时，《行动计划》提倡增强市场主体实力，培养元宇宙领域的头部企业和专注于细分市场的创新型企业，建设一批元宇宙创新应用先导区、科技园区和产业园区，形成具有特色的产业集群，并探索技术创新与内容生产中用户参与的新模式与新业态。

如何通过发展元宇宙赋能新型工业化。《行动计划》旨在以构建工业元宇宙为核心，聚焦于推动制造业的创新发展，深入实施虚拟与实体融合的制造业变革策略。该计划主要围绕3个战略方向展开：一是推进工业元宇宙基础通用模型数据库的建设，打造具备高精度、互动性及沉浸体验的工业虚拟映射环境；二是研究元宇宙环境下生产线运维及产品监控的新模式，构建工业元宇宙营销平台及虚拟培训系统；三是开发适用于各类产品个性化需求的全生命周期管理系统，并基于资产设备、订单数据等信息，开展供应链金融服务，以此推动工业元宇宙赋能新型工业化进程的关键措施。

如何构建系统完备产业支撑。《行动计划》针对完善产业标准体系、增强创新支撑力度、构筑高质量基础设施三大关键领域，提出了具体的政策措施。核心内容包括：首先，构建元宇宙产业标准规范体系，涵盖产业链各环节的标准，以及基础共性、互联互通、安全可信、隐私保护、行业应用等方面的国家标准、行业标准及团体标准；其次，建立可信赖的元宇宙产品评估评测体系，并完善元宇宙知识产权保护机制；最后，推进云边协同、算网融合、智能调度、绿色低碳的新型算力建设，并打造元宇宙基础设施的综合管理平台。

第三十七章

《算力基础设施高质量发展行动计划》

一、政策背景

习近平总书记强调，必须加速新型基础设施建设，促进数字经济与实体经济的深度融合。在数字经济时代全面启动的背景下，算力作为一种新兴的生产力形态，正为各行业的数字化转型注入新动力，成为推动经济社会高质量发展的关键驱动力。算力基础设施作为承载算力的主要平台，是支撑数字经济发展的核心资源与基础设施，对于促进数字化转型、培育新兴产业以及形成新的经济增长点具有至关重要的作用。

当前，新一轮科技革命和产业变革正向更深层次发展，算力基础设施的重要性日益凸显，各国纷纷加大投资力度。我国在算力基础设施建设方面取得了显著成果，然而，与实现数字经济与实体经济深度融合、经济社会高质量发展的目标相比，以及应对国际市场竞争的需求相比，仍存在一定差距。为进一步统一产业共识、加强政策引导，全面推动我国算力基础设施的高质量发展，工业和信息化部等六部门联合发布了《算力基础设施高质量发展行动计划》（本章以下简称《行动计划》）。

二、主要内容

《行动计划》在深入分析算力基础设施产业的现状及未来发展趋势基础上，确立了"多元供给、优化布局；需求牵引，强化赋能；创新驱动，汇聚合力；绿色低碳，安全可靠"的基本原则。该计划制定了 2025 年的主要发展目标，并提出了完善算力综合供给体系、提高算力高效运载能力、加强存力高效灵活保障、深化算力赋能行业应用、促进绿色低碳算力发展、加强安全保障能力建设等 6 个方面的重点任务，旨在促进算力基础设施的高质量发展。

《行动计划》从计算力、运载力、存储力以及应用赋能 4 个方面提出了到 2025 年发展量化指标，引导算力基础设施高质量发展。

《行动计划》共部署 25 项重点任务，在优化算力综合供给体系的过程中，从建设规划、算力配置、异构协同、标准化建设等多个维度进行了系统部署；在增强算力高效运输能力方面，围绕运输品质、网络接入、算力分配等关键环节进行了周密安排；在强化存储能力的高效灵活保障方面，从存储技术、存储产业发展以及存算网协同等方面进行了细致规划；在推动算力赋能行业应用方面，着重于工业、教育、金融、交通、医疗和能源等领域的应用部署；在促进绿色低碳算力发展方面，从提高算力能效水平、引导市场应用、助力行业发展等方面进行了战略部署；在加强安全保障能力建设方面，从提升网络安全水平、加强数据安全防护、推荐供应链安全措施等方面进行了全面部署。

第三十八章

《关于推动未来产业创新发展的实施意见》

一、政策背景

党中央、国务院对未来产业发展寄予高度重视。2023 年 9 月，习近平总书记在黑龙江省考察期间强调，必须积极培育未来产业，加速形成新质生产力，以增强发展新动能。中央经济工作会议亦指出，应当以科技创新促进产业创新，特别是利用颠覆性技术和前沿技术催生新产业、新模式、新动能，从而发展新质生产力。《中华人民共和国国民经济和社会发展第十四个五年规划和 2035 年远景目标纲要》亦明确提出，需策划布局一批未来产业。

当前，新一轮科技革命和产业变革正在加速推进，重大前沿技术和颠覆性技术不断涌现，科技创新与产业发展的融合日益深入，从而催生了元宇宙、人形机器人、脑机接口、量子信息等新兴产业发展方向。积极培育未来产业，已成为引导科技进步、推动产业升级、开拓新赛道、塑造新质生产力的战略决策。我国拥有完整的工业体系、庞大的产业规模和丰富的应用场景，这为未来产业的发展提供了坚实的基础。各省（自治区、直辖市）纷纷响应，积极培育未来产业，北京、上海、江苏、浙江等地已出台相关政策文件。然而，我国未来产业发展仍面临系统规划不足、技术基础不牢固等问题。

为充分把握新一轮科技革命和产业变革的机遇，加强对未来产业的前瞻性规划和政策引导，聚焦制造业这一主战场，加速发展未来产业，以支撑新型工业化进程，加快形成新质生产力，工业和信息化部等七部门联合发布了《关于推动未来产业创新发展的实施意见》（本章以下简称《实施意见》）。

二、主要内容

　　《实施意见》遵循未来产业发展规律，从技术创新、产品突破、企业培育、场景开拓、产业竞争力等方面提出到 **2025** 年和 **2027** 年的发展目标。至 2025 年，我国未来产业将在技术创新、产业培育、安全治理等方面实现全面发展，部分领域将达到国际领先水平，产业规模将持续稳定增长。计划建设一批未来产业孵化器及先导区，突破百项前沿关键技术，形成百项标志性产品，培育百家领军企业，开发百项典型应用场景，制定百项关键标准，并成立百家专业服务机构，以此初步构建符合我国国情的未来产业发展模式。至 2027 年，我国未来产业综合实力将显著增强，部分领域有望实现全球领先。关键核心技术将取得重大突破，新技术、新产品、新业态、新模式将得到广泛应用，重点产业将实现规模化发展，培育一批具备生态主导能力的领军企业，形成未来产业与优势产业、新兴产业、传统产业协同发展的格局，建立可持续发展的长效机制，使我国成为世界未来产业的重要策源地。

　　《实施意见》围绕技术供给、产品打造、主体培育、丰富场景、支撑体系等方面，构建未来产业的发展生态。一是增强技术创新供给。发挥国家战略科技力量及行业领军企业的核心作用，加速推进前沿技术与颠覆性技术的研发，构建原创技术发源地。二是打造标志性产品。实现下一代智能终端的突破，发展适应通用智能趋势的工业终端、满足数字生活新需求的消费级终端、智能化的医疗健康终端以及具有巨大发展潜力的超级终端。优化信息服务产品，研发下一代操作系统，推广开源技术的应用。强化未来高端装备的研发，实现人形机器人、量子计算机等产品的技术突破。三是壮大产业主体。引导行业领军企业进行前瞻性战略规划，实施中央企业未来产业启航计划。构建未来产业创新型中小企业孵化基地，分阶段培育专注于细分市场的中小企业、高新技术企业以及"小巨人"企业。依托龙头企业推动未来产业链建设，完善先进技术体系。创建未来产业先导区，促进产业特色化、集聚化发展。加强产学研用深度合作，构建大中小企业协同发展、产业链上下游创新融合的生态系统。四是丰富应用场景。针对装备、原材料、消费品等关键领域，围绕设计、生产、检测、运维等环节，打造应用试验平台。加快推广工业元宇宙、生物制造等新兴应用场景。依托载人航天、深海深地等重大工程和项目，加速探索未来空间领域的技术创新与应用。定期发布典型应用场景清单和推荐目录，通过示范引领、供需对接等方式，构建标志性应用场景。五是优化产业支撑体系。实施新产业标准化领航工程，整体规划未来产业标准化发展路径，加快关键标准的研制。同步提升中试能力，为关键技术验证提供试用环境，促进新技术向现实生产力的转化。积极培养未来产业领军企业家和科学家，营造鼓励原创、宽容失败的创新创业环境。深入推进 5G、算力基础设施、工业互联网、物联网、车联网、千兆光网等新型数字基础设施建设，构建高速、泛在、集成、智能、绿色、安全、高效的新型数字基础设施体系。

热 点 篇

第三十九章

2023 年我国软件业务收入保持两位数增长

在我国经济高速增长阶段，我国软件产业保持超高速发展态势，21 世纪以来产业规模年均增速近 27%，远超同期 GDP 约 8% 的年均增速。近年来，受多方因素影响，我国 GDP 增速放缓、电子信息制造业增加值波动下降，但软件产业依然保持两位数较快增长。2023 年，我国软件业务收入实现123258 亿元，同比增长 13.4%，在稳定经济增长中作用愈发突出，并呈现以下发展态势。

一、从新技术角度看，软件颠覆性创新迭起，推动产业向智能化加速演进

近年来，以云计算、大数据、区块链、人工智能等为代表的软件新兴技术接连取得重大突破。特别是 2023 年以来，以 GPT 为代表的大模型技术引领了一轮颠覆式创新，AI 应用不断落地深化，加速软件技术架构、应用模式和服务内容向智能化演进。例如，软件技术架构向 AI 体系转变已成为软件企业普遍共识，微软、谷歌、百度等均基于 AI 重构现有产品或重新开发原生应用。AI 推动软件部署及应用更加自动化，有效提高开发效率、代码质量和用户体验，据调研，微软 Copilot 可为开发者提升 55%的编程效率。

二、从新模式角度看，软件云化为大势所趋，工业软件竞争格局将逐渐重塑

随着算力需求和数字化转型需求的不断增长，云计算成为信息技术产业

发展的战略重点，全球不同规模的软件企业都在向云服务转型。2023 年以来，软件云化趋势在工业软件领域愈发凸显，PTC、达索、Autodesk 等国外工业软件巨头纷纷上云。我国工业软件企业和华为云、阿里云、腾讯云等云厂商也开始加速建设云化工业软件体系，上云可能成为打破传统工业软件企业垄断、重塑产业竞争格局的重要突破口。例如，华为云联合数十家工具软件厂商推出硬件开发生产线 CraftArts，让高速高密复杂 PCB 硬件的开发周期比行业平均水平缩短 40%。

三、从新生态角度看，云算数网能力加速融合，软件生态将在融合中得以重构

当前，以软件为支撑的数实融合不断走深走实，融合场景的复杂度也进一步攀升，带动以云、算力、数据等为代表的软件新型基础设施走向融合。从多部门行动来看，2023 年开始，新型基础设施建设逐渐成为政策发力重点，将鼓励软硬件厂商、云服务商和数据服务商加快业务转型、实现能力整合，从而进一步优化产业资源配置。例如，10 月工业和信息化部等六部门联合印发的《算力基础设施高质量发展行动计划》进一步明确建设算力网络是推动以软件为代表的数字产业发展的重要抓手，《上海市进一步推进新型基础设施建设行动方案（2023—2026 年）》明确要鼓励基础软件厂商建设自主可控算力。

第四十章

《政府工作报告》热词：人工智能+、数字产业集群、量子算力

一、事件回顾

2024 年 3 月 5 日，十四届全国人大二次会议在人民大会堂开幕，国务院总理李强在政府工作报告中介绍今年政府工作任务时提出，制定支持数字经济高质量发展政策，积极推进数字产业化、产业数字化，促进数字技术和实体经济深度融合。深化大数据、人工智能等研发应用，开展"人工智能+"行动，打造具有国际竞争力的数字产业集群。同时，适度超前建设数字基础设施，加快形成全国一体化算力体系。

二、事件评析

人工智能+评析："人工智能+"概念的提出，说明政府工作报告与我国当前科技发展形势紧密结合。近两年，人工智能概念热度不断攀升，愈发靠近生活。目前与人工智能结合较好的行业是新媒体等技术敏感度最高且原有资产低的领域，容易与人工智能结合。实际上，很多传统行业都可以与人工智能相结合。原有的"互联网+"的模式已不够，还需要"智能"等新的技术支撑来提高产业效率。人工智能有利于加速企业新技术引入效率，更好地适应市场形势。例如，部分人工智能企业几乎可以实现无人化，一些原来所谓"黑灯工厂"，如今已经走向高度智能化的"灯塔工厂"，实现世界各地订单定制和发货，这个过程都可以不需要人的参与，完成智能化与传统产业的结合；又如，服装定制产业是过去定义中的传统产业，但该产业一旦与人工

智能结合，效率就将大幅度提高。

数字产业集群评析："打造具有国际竞争力的数字产业集群"充分体现中央政府对数字经济发展后劲的看好和期待。首先，数字产业集群在中国市场的空间广阔，将带动相关行业的快速增长，包括云计算、大数据、人工智能等。其二，中国拥有庞大的用户市场和不断完善的基础设施。随着政策的支持和市场需求的不断增长，中国数字产业集群的市场空间将进一步扩大，继续成为全球最大的互联网市场之一。要继续推动数字产业集群的发展，首先是积极参与数字技术的研发和应用，推动核心和底层技术创新与突破。其次应加强与上下游企业的合作和交流，共同构建更加紧密、牢不可破的产业链和生态系统。

量子算力评析：我国当前是世界上第三个具备量子计算机整机交付能力的国家。自主超导量子计算机产业链已基本成链，正式拥有可用的自主量子算力。以量子计算技术为代表的量子科技，在面向"十四五"乃至更长远的未来，有望成为中国在全球科技产业中开辟新领域、制胜新赛道的重要核心技术，将催生一批新质生产力。从国际量子计算机发展态势来看，国外量子计算研究机构与量子计算企业加速量子计算从实验室走向工程化、产业化，持续迭代新产品、新突破，逐渐形成量子计算产业链的国际垄断，布局自主量子计算机产业链发展已成为我国当前的重大需求之一。要解决量子计算机被外国"卡脖子"、壮大中国自主量子计算机制造链问题需要多项措施，包括统筹科研立项、出台长期政策、政企联合攻关、加快人才培养等。

第四十一章

苹果推出为其头显设备打造的空间计算操作系统 visionOS

一、事件回顾

2023 年 6 月，苹果在其 WWDC 2023 开发者大会上，宣布为其首款空间计算设备——Vision Pro 头显——打造 visionOS 操作系统。苹果表示，visionOS 操作系统是一款专门为"空间计算"而设计的操作系统，当前，主流 AR/VR 产品的操作系统分为两大类，一类是安卓或基于安卓的定制化操作系统，代表产品包括 Meta 公司的 Quest、字节跳动的 Pico 等；另一类是 Windows 全息版操作系统，代表产品只有微软公司的 HoloLen。苹果公司的 visionOS 以破局者姿态加入竞争，成为该领域的第三类代表产品。

二、事件评析

从产品功能上看，visionOS 是苹果公司为 Vision Pro 设备专门打造的面向"空间计算"的新型操作系统。visionOS 支持 MR（混合现实）功能，在资源调度、用户界面、交互方式等三方面具有全新特点。在资源调度方面，visionOS 操作系统与 Vision Pro 上的大量高端硬件紧密集成，支持 12 毫秒内的数据传输，可在内置屏幕上显示现实空间与虚拟画面融合的三维图像。在用户界面方面，visionOS 操作系统将各种应用程序漂浮在三维空间中，提供 2D 的窗口视图、3D 的体积视图以及与背景透明相关的空间模式。在交互方式方面，除了键盘等传统的外设交互外，visionOS 操作系统还为用户提供更为自然的交互，包括眼神、手势、语音等全新方式。visionOS 是苹果系列操作系统的又一延伸，核心模块与 iOS、macOS 相同，并结合混合现实功能特点打造了定制化模块。visionOS 架构底层是苹果的核心操作系统层（core OS），负责实现内存管理、文件系统、电量管理等核心功能，并直接与硬件设备进行交互；上一层是实时子系统模块，负责处理交互式视觉效果；再上层包括专用渲染器、多应用 3D 引擎、空间音频引擎、iOS 框架和空间框架五大模块，分别实现三维图形渲染等相应功能。

从行业生态上看，成熟的苹果产品生态、开发者生态为 visionOS 的生态起步奠定了良好基础，拓宽的应用场景也为 visionOS 生态发展提供了广阔空间。visionOS 生态建设主要由二维应用移植、三维应用开发、新场景拓展三部分组成。一是 App Store 上的大量应用移植到 visionOS 上的难度较低。由于 visionOS 沿用苹果操作系统的核心模块，各大开发商的软件产品可适配迁移到 visionOS 上，包括微软的协作软件 Teams 及办公软件 Office、Adobe 的图像编辑软件 Lightroom 等。二是苹果开发者生态吸引开发者开发三维场景下的全新应用。苹果的开源编程语言 Swift 简单易用，针对 visionOS 推出的开发工具 visionOS SDK 及开发模拟器 visionOS Simulator 有助于开发者转向三维 APP 开发。三是元宇宙的应用场景扩大到办公、家居等领域。在游戏、观影等传统娱乐场景之外，远程会议、文件处理等办公场景，拍照、社交等休闲场景，医疗、工程等教学或工作场景等都为 visionOS 生态发展提供了更多助力。

第四十二章

Windows 操作系统集成大模型助手 Copilot

一、事件回顾

2023 年 5 月 24 日，微软在微软 Build 2024 开发者大会上推出了一系列重大的 AI 更新，并宣布在 Windows 操作系统中加入人工智能大模型助手 Copilot，利用人工智能技术提供扩展的操作和功能，通过与用户的对话交互来理解需求并提供相应的操作和建议，以此打造全新的操作系统智能化能力。

二、事件评析

Windows Copilot 之所以具备强大的智能化能力，主要归功于两大核心要素：首先是人工智能大模型技术的重大突破。相较于微软的 Cortana、苹果的 Siri 等前一代人工智能助手，Copilot 实现了对自然语言的理解和对人类需求的预测，这使得其在智能化水平和理解能力上实现了质的飞跃。其次是"人工智能+软件生态"的战略布局。操作系统本身就是所有基础软件的"灵魂"，将新一代人工智能技术与操作系统深度结合，能够充分利用微软在软硬件生态和用户规模方面多年积累的优势，从而进一步巩固其在信息技术领域的领导地位。

微软推出 Copilot，标志其已全面实现人工智能大模型与操作系统深度融合，并将持续引领技术创新和产业发展。2003 年 8 月，华为发布 HarmonyOS 4

系统，全面接入盘古大模型，成为全球首个嵌入了 AI 大模型能力的移动终端操作系统。"人工智能+软件生态"将对操作系统等基础软件产业链产生颠覆性影响，重构信息技术产业竞争生态。

重构操作系统功能，使其成为信息技术产业体系的中心。大模型助手的应用，推动操作系统功能从单一的资源调度管理向生产和创造数字产品的革命性转变。传统操作系统的主要功能是向下衔接硬件设备及调度物理资源，向上支撑各类应用软件，扮演"创作工具"角色，为实现数字化服务和内容生产提供底层技术支撑。相较而言，增加大模型助手的新型操作系统将重塑软件使用与交互方式，基于对用户需求的强大理解能力和对各种功能的高度集成，直接替代人向计算机做出任务执行决策。软件使用门槛与用户学习成本大大降低，以往由人完成的数字内容生产和服务提供等简单重复工作将可能被操作系统替代。

同时，"人工智能+操作系统"将扮演"智能化信息基础设施"角色，颠覆基础软件产业生态。在原有软件产业发展进程中，往往以操作系统为核心，数据库、中间件、编程语言及编译器、开发和测试工具等软件产品为配套打造产业生态。当前，在加入大模型助手后构建的新型生态下，操作系统成为包罗计算机所有基础和应用软件功能的"智能化基础设施"，软件产品间的边界将发生变革。推动基础软件发展的重点将不再是具体软件产品的攻关和研发，而是支撑操作系统智能化发展的算力基础设施和数据资源开发利用能力的提升。

第四十三章

博通 610 亿美元收购 VMware

一、事件回顾

2023 年 11 月 22 日，博通宣布在获得所有必要的监管部门批准后，正式以 610 亿美元收购 VMware。交易完成后，博通将把 VMware 整合至其软件业务板块，此板块主要包括博通在过去几年通过另外两宗大额收购案获得的资产。完成收购 VMware 后，博通软件业务的销售额将占其总销售额的 49%。

二、事件评析

收购后的 **VMware 其 56 款产品被精减并不再单独销售，产品也由永久许可制改为订阅制**。这一转变将对用户造成影响。根据业内人士透露，全球近 95% 的数据中心在使用 VMware 相关软件或套件，被博通收购后，VMware 的收费模式变为基于基础设施的订阅制平台化服务。对已经购入 VMware 永久许可证密钥的用户来说，虽然 VMware 承诺不会过期，但 SnS（支持和订阅服务）期满后不会续订，这意味着客户将得不到支持或更新。对 VMware 来说订阅制的"变相涨价"将会提高收益，但仍面临产品用户增量下滑的问题，不过因其在虚拟化市场绝对的全球垄断地位，并且用户也要考虑"服务替换"这一沉没成本在短期内大于订阅付费成本的问题，用户黏性使得 VMware 并不担心短期内订阅制带来的负面影响。

此次收购事件对博通而言，带来了多方面的优势。**一是通过吸纳 VMware 业务达成软硬件协同发展**，博通以提供 IPhone Wi-Fi 芯片起家，如今做到了全球第三大芯片设计公司，在全球网络交换芯片市场中占有高达

80%的份额。VMware 作为全球虚拟化和云计算基础架构领域领先企业，博通既能通过其原有技术、人工等优势高效布局软件市场，又能在芯片生产过程中进行软件测试适配等工作，解决软硬件同步开发的难题。**二是进一步提升其云计算和虚拟化业务水平**。早在之前对 CA Technologies 的收购中，反映出了博通想要从主营半导体业务至外向寻求新的方向，此次收购 VMware 将大幅度提升自己主要业务方向云计算和虚拟化管理领域的业务水平，进一步对软件业务规模进行拓展。**三是博通布局未来人工智能市场**，VMware 此前有过围绕本地生成式人工智能和私有人工智能平台技术领域的业务拓展，而 NVIDIA 作为博通的首要竞争对手，目前已掌握全球 90%左右的人工智能芯片市场份额，博通此次看中 VMware，意在借助 VMware 在人工智能方面的技术，加强博通自研人工智能领域芯片的能力，提升未来其在人工智能领域的市场竞争力。

此次收购对我国虚拟化企业来说是一次替换 **VMware 的机会**。VMware 由许可制改为订阅制，我国用户将重新衡量使用 VMware 产品的成本，短期来看，高额的成本也将对国内刚需 VMware 产品的用户产生使用压力，按需求时长订阅 VMware 的同时寻求替代产品将成为用户的主流使用方式。长期来看，国内用户大多倾向于一次买断的许可制，虚拟机的同类型替代将在国内形成大量的用户需求，得益于国产虚拟机的本土化优势和价格优势。根据 IDC 2022 年报告数据，我国国产主流的虚拟机企业"两华一云"（华为、新华三、云宏）市场占有率为 46.4%，随着 VMware 使用成本的提升，这一占比还将进一步提高，未来用户需求倒逼国内虚拟化企业提升研发水平、产品实力等，或将加速对 VMware 的国产化替代的进程。

第四十四章

知识产权质押融资加速支持软件产业发展效能提升

一、事件回顾

2023 年，中国知识产权质押融资领域发生了显著变化和进展。2023 年全国专利商标质押融资额达到了 8539.9 亿元，同比增长了 75.4%，知识产权转化运用加速推进。同时，可供质押的知识产权资产日渐丰硕，信息技术管理方法、计算机技术和基础通信程序等数字技术领域的有效发明专利增速位居前列，这些领域的同比增长率分别为 59.4%、39.3% 和 30.8%，远高于国内平均增长水平，反映了我国在数字技术领域保持了较高的创新热度。

二、事件评析

软件企业通常拥有较为丰富的知识产权资源，如软件著作权、技术专利、集成电路布图设计专有权等。与传统企业相比，企业掌握的土地、厂房、楼宇等可用作常规担保品的资产较少。软件企业通过知识产权质押融资，可减轻因缺少常规担保品而存在的"融资难、融资贵"压力。经过多年发展，我国知识产权质押的总体环境不断向好，在顶层设计、地方实践等方面为软件企业提供了有利条件。

在顶层设计方面，2023 年 3 月，国家知识产权局印发《推动知识产权高质量发展年度工作指引（2023）》，指出"研究制定知识产权保险相关政策，打好知识产权质押融资等金融服务组合拳"。在地方层面，北京印发《关于促进北京市知识产权质押融资服务高质量发展的实施方案》，围绕快速通道、质押物处置流转、知识产权质押融资人才等方面，加快完善专业服务。深圳印发《关于进一步加强知识产权质押融资工作的指导意见》，明确"进一步完善深圳市中小微企业银行贷款风险补偿资金池，提高知识产质押融资风险补偿比例"。

在地方实践方面，四川省连续 3 年实施知识产权质押融资"入园惠企"行动，推动全省知识产权质押融资惠及园区 50 个以上、创新型企业 2000 户以上。浙江省加快运用数据知识产权，建立"浙江省数据知识产权登记平台"，推动 14 家数据企业通过知识产权质押实现融资 9700 万元。广东省提出"知识产权质押融资倍增计划"，2023 年力争实现全省知识产权质押融资登记金额和登记笔数倍增。南京市打造知识产权质押融资公共服务平台，综合运用大数据、云计算等新一代信息技术，从贷款申请、价值评价、尽职调查、质押登记等方面为商业银行提供"一站式"服务，将放款周期从四个半月缩短至 5 个工作日。

但与此同时，软件企业在融资方面仍然存在资金供给总量少、质押贷款申请门槛高、知识产权评估处置难等问题，制约了软件企业的健康发展。我国应加快完善数字经济类知识产权融资服务，建立健全融资保障机制，积极构建数字经济类知识产权交易生态，加快推动软件企业"知产"向"资产"转化。

第四十五章

《中国大数据区域发展水平评估报告（2023年）》发布

一、事件回顾

2023年8月，赛迪研究院信息化与软件产业研究所正式发布《中国大数据区域发展水平评估报告（2023年)》。报告聚焦基础环境、产业发展、融合应用3个关键维度，选取相关典型指标，以我国31个省（自治区、直辖市）为研究对象，对各地大数据政策体系、产业发展、应用生态等的发展情况进行横向综合评估和深入对比分析，总结各地在推动大数据和数字经济高质量发展方面的成效亮点、特色模式和经验做法。

二、事件评析

报告显示，2022年我国大数据产业规模达1.57万亿元，同比增长18%，成为推动数字经济发展的重要力量。预计到2025年，我国大数据产业测算规模突破3万亿元。2022年我国云服务、大数据服务共实现收入10427亿元，同比增长8.7%。

大数据发展延续了近年来由东部沿海地区向中西部省市辐射带动的基本特征。珠三角、长三角、京津冀、成渝4个核心区域的引领态势明显，长江经济带（尤其是中部板块）呈现南北扩展、连线带面发展态势，体现出我国大数据发展的中部协同集聚特征。

"十四五"时期，大数据发展环境不断优化，各省（自治区、直辖市）

从地方性法规、产业发展、数据开放、融合应用、要素支撑、标准规范等维度加强政策体系建设，促进大数据和数字经济高质量发展。

各省（自治区、直辖市）坚持基础先行，不断推进网络、算力、应用等数字基础设施建设，依托"东数西算"工程，加快"存数"向"算数"的能力升级，引导要素资源优势重塑。

各省（自治区、直辖市）相继建立数字经济、大数据发展专班、领导小组及协调机构，通过实施"一把手"牵头的工作推进机制，督促落实各项工作部署和决定事项，切实推进大数据发展相关工作进展，为攻克痛点、疏通堵点提供坚实的支撑与保障。

各省（自治区、直辖市）通过充分发挥地方特色资源优势，推动实现大数据差异化发展；不断完善大数据产业集群化建设布局，以点带面持续创造规模效益，促进大数据产业规模快速壮大。

"十四五"时期，各地进一步完善大数据人才培养体系，加大人才引进力度。全国多所高校新增大数据相关专业，信息传输、软件和信息技术服务业从业人数稳步增加，行业薪资持续领跑。

"十四五"时期，各地积极抢抓新兴数字产业发展机遇，以大数据独角兽、潜在独角兽为代表的企业持续涌现，助力塑造数字经济发展新动能新优势。其中，"北上杭深"四城市的大数据独角兽企业数占全国总数的71.8%，成为高科技企业集聚"磁力中心"。

各省（自治区、直辖市）加速大数据领域数字创新布局，推进开源开放创新生态建设，推动实现大数据研发投入持续增长，重点产品和服务体系建设步伐加快，企业技术创新多点突破。

各省（自治区、直辖市）探索落实数据基础制度，加快数据服务生态建设，推动数据开放共享和应用场景创新，不断释放数据要素价值。

各省（自治区、直辖市）持续推进政府数字化、智能化转型，数字政务基本实现线上线下相协同，治理流程和决策模式持续优化，以数据驱动治理和决策取得重要进展。

各省（自治区、直辖市）相继开展制造业数字化转型专项行动，从政策支持、供给优化、标准引导等方面系统构建产业转型服务生态。

全国工业企业关键工序数控化率、数字化研发设计工具普及率分别增长至59.4%、77.6%，两化融合管理体系贯标企业达5.8万家。各省（自治区、直辖市）深化大数据在商贸、农业等重点行业领域融合应用，数字乡村建设深入推进，数字生活场景加快拓展，电子商务市场规模发展势头强劲。

大数据技术已广泛融入教育、医疗等民生领域，推动国家教育数字化战略行动深入实施，数字健康加速发展，社保就业等领域数字化服务水平不断提升。

第四十六章

《新时期软件人才培养模式研究报告》发布

　　特色化示范性软件学院（简称特软学院）是推动校企深度合作、创新软件人才培养模式的重要载体，是开展关键软件技术攻关、构建自主软件生态的重要抓手。从首批特软学院建设实践看，校企合作初步呈现产学结合、产研协同和生态共建三大模式。

一、贯穿人才培养多环节的产学结合模式

　　从人才培养看，校企双方以产业高质量发展为导向、满足企业实际用人需求为目标，围绕教学、实践、就业环节，通过投入课程、教材等教育资源，以及产品实践场景等企业资源，推动高校培养方案不断升级，培养跨学科、复合型、实践型毕业生。

　　在**教学**环节，一方面，校企双方统筹考虑学院发展基础和企业特色方向，采取打造特色专业、设置特色专班、编制特色教材等形式打造软件人才队伍；另一方面，企业为高校免费提供教学版软件，作为教学与实践工具。在**实践**环节，一方面，企业开放技术创新与产品开发场景，推出相关实训平台，联合高校打造实习实训体系，实现学生实习与企业用人需求有效统一；另一方面，校企双方搭建协同育人平台，引导师生将科研课题、学位论文和产业实际需求相结合。在**就业**环节，一方面，企业搭建内外部就业渠道，优先吸收合作院校毕业生进入产业生态；另一方面，企业自主构建培训、认证、就业一体化的高校大学生培养体系。

二、连通技术创新全流程的产研协同模式

从**技术创新**看，校企双方以关键软件技术突破为导向、提升软件人才技术创新能力为目标，围绕技术攻关、成果转化和应用推广等技术创新全流程，通过投入科研基金项目等科研资源，以及开发环境、测试环境、生产环境等企业资源，加速软件技术攻关和产品迭代创新，同时引导科研攻关匹配产业需求。

在**技术攻关**方面，校企双方通过共建研发中心、实验室等载体建立长期合作关系，以联合承担国家项目、委托横向课题、产品项目联合开发等方式开展关键软件技术攻关，探索解决关键技术难题。在**成果转化**方面，一方面，校企双方将技术攻关成果集成至企业现有产品中进行升级迭代，或通过中试平台、熟化基地等载体进行技术转化；另一方面，校企双方通过制定行业规范或技术标准，推动科研攻关技术成果标准化。在**应用推广**方面，一方面，企业以赛事为媒介，实现产品技术升级和应用功能开发的同时，筛选优秀比赛成果进行商业化推广；另一方面，企业基于自身行业影响力，联合各大高校、上下游企业组建产学研用联盟，推动创新成果产业化应用。

三、覆盖多主体、全链条的生态共建模式

从**生态建设**看，校企双方以构建自主软件生态为导向，整合多方资源共同打造开源体系、构建应用生态和推动国际化发展，初步形成涵盖高校、软件企业、行业企业、地方政府、第三方机构的校企合作"大生态"。其中，企业覆盖产业链上游行业应用企业与下游供应商，可实现教育链、创新链与产业链融合发展。

在**开源体系打造**方面，多主体推动开展"开源进校园、开源进课程、师生进项目、学生进社区"等活动赛事，引导师生积极开发、维护、推广开源项目。在**应用生态构建**方面，企业将高校作为国产软件产业化应用的"试验田"，带动国产软件应用在更多行业产生"蝴蝶效应"。一方面布局高校所在教育领域国产软件应用，另一方面与行业企业、地方政府形成生态联合体，推动高校所在行业领域国产软件应用。在**推动国际发展**方面，企业将高校作为国际化探索的重要纽带，通过共建国际软件学院、举办国际赛事、参与国际标准和参与国际开源社区等方式，为提升国际竞争力储备力量。

展望篇

第四十七章

主要研究机构预测性观点综述

一、Gartner 的预测

（一）2024 年软件领域的五大战略技术趋势

趋势一：软件工程智能平台。软件工程智能平台提供统一、透明的工程流程视图，帮助领导者不仅了解和衡量速度和流程，还了解质量、组织效率和业务价值。Gartner 预测，到 2027 年，50%的软件工程组织将使用软件工程智能平台来衡量和提高开发人员的生产力，而 2024 年这一比例为 5%。

趋势二：人工智能增强开发。软件工程领导者需要一种经济高效的方式来帮助他们的团队更快地构建软件。根据 Gartner 的调查，58%的受访者表示，他们的组织正在或计划在未来 12 个月内使用生成式 AI 来控制或降低成本。人工智能增强开发是使用人工智能技术（如生成式人工智能和机器学习）来帮助软件工程师设计、编码和测试应用程序。AI 增强开发工具与软件工程师的开发环境集成，以生成应用程序代码，实现设计到代码的转换并增强应用程序测试功能。

趋势三：绿色软件工程。绿色软件工程是构建具有碳效率和碳意识的软件的学科。构建绿色软件涉及对架构和设计模式、算法、数据结构、编程语言、语言运行时和基础设施做出节能选择。Gartner 预测，到 2027 年，30%的全球大型企业将把软件可持续性纳入其非功能性需求，而 2024 年这一比例还不到 10%。

趋势四：平台工程。平台工程通过内部开发人员门户和多个产品团队可以使用的平台提供底层功能，从而减轻开发人员的认知负担。这些平台为软件开发提供了一条引人注目的"铺平道路"，为开发人员节省时间并提高工作满意度。Gartner 预测，到 2026 年，80%的大型软件工程组织将建立平台工程团队，而 2022 年这一比例为 45%。

趋势五：云开发环境。云开发环境提供对云托管开发环境的远程、即用型访问，只需最少的设置和配置工作。这种将开发工作区与物理工作站分离的做法可实现低摩擦、一致的开发人员体验，并加快开发人员的入职速度。

（二）2024 年十大战略技术趋势

趋势一：全民化的生成式 AI。经过大规模预训练的模型、云计算与开源的融合正在推动生成式人工智能（生成式 AI）的全民化，使这些模型能够被全球工作者所用。Gartner 预测，到 2026 年，超过 80%的企业将使用生成式 AI 的 API 或模型，或在生产环境中部署支持生成式 AI 的应用，而在 2023 年初这一比例不到 5%。生成式 AI 应用可以让企业用户访问并使用大量内部和外部信息源，这意味着生成式 AI 的快速采用将极大地促进企业知识和技能的全民化。大型语言模型使企业能够通过丰富的语义理解，以对话的形式将员工与知识相连接。

趋势二：AI 信任、风险和安全管理。AI 的全民化使得对 AI 信任、风险和安全管理（TRiSM）的需求变得更加迫切和明确。在没有护栏的情况下，AI 模型可能会迅速产生脱离控制的多重负面效应，抵消 AI 所带来的一切正面绩效和社会收益。AI TRiSM 提供用于模型运维（ModelOps）、主动数据保护、AI 特定安全、模型监控（包括对数据漂移、模型漂移和/或意外结果的监控）以及第三方模型和应用输入与输出风险控制的工具。Gartner 预测，到 2026 年，采用 AI TRiSM 控制措施的企业将通过筛除多达 80%的错误和非法信息来提高决策的准确性。

趋势三：AI 增强开发。AI 增强开发指使用生成式 AI、机器学习等 AI 技术协助软件工程师进行应用设计、编码和测试。AI 辅助软件工程提高了开发人员的生产力，使开发团队能够满足业务运营对软件日益增长的需求。这些融入了 AI 的开发工具能够减少软件工程师编写代码的时间，使他们有更多的时间开展更具战略意义的活动，比如设计和组合具有吸引力的业务应用等。

趋势四：智能应用。Gartner 将智能应用中的"智能"定义为自主做出适当响应的习得性适应能力。在许多用例中，这种智能被用于更好地增强工作或提高工作的自动化程度。作为一种基础能力，应用中的智能包含各种基于 AI 的服务，如机器学习、向量存储和连接数据等。因此，智能应用能够提供不断适应用户的体验。

趋势五：增强型互联员工队伍。增强型互联员工队伍（ACWF）是一种优化员工价值的战略。加速并扩大人才规模的需求推动了 ACWF 的发展趋势。ACWF 使用智能应用和员工队伍分析提供助力员工队伍体验、福祉和自身技能发展的日常环境与指导。同时，ACWF 还能为关键的利益相关方带来业务成果和积极影响。到 2027 年底，25% 的首席信息官（CIO）将使用增强型互联员工队伍计划将关键岗位的胜任时间缩短 50%。

趋势六：持续威胁暴露管理。持续威胁暴露管理（CTEM）是一种使企业机构能够持续而统一地评估企业数字与物理资产可访问性、暴露情况和可利用性的务实系统性方法。根据威胁载体或业务项目（而非基础设施组件）调整 CTEM 评估和修复范围不仅能发现漏洞，还能发现无法修补的威胁。Gartner 预测，到 2026 年，根据 CTEM 计划确定安全投资优先级别的企业机构将减少三分之二的漏洞。

趋势七：机器客户。机器客户是一种可以自主协商并购买商品和服务以换取报酬的非人类经济行为体。到 2028 年，将有 150 亿台联网产品具备成为客户的潜力，这一数字还将在之后的几年增加数十亿。到 2030 年，该增长趋势将带来数万亿美元的收入，其重要性最终将超过数字商务的出现。在战略上应考虑为这些算法和设备提供便利乃至创造新型客户机器人的机会等。

趋势八：可持续技术。可持续技术是一个数字解决方案框架，其用途是实现能够支持长期生态平衡与人权的环境、社会和治理（ESG）成果。AI、加密货币、物联网、云计算等技术的使用正在引发人们对相关能源消耗与环境影响的关注。因此，提高使用 IT 时的效率、循环性与可持续性变得更加重要。事实上，Gartner 预测，到 2027 年，25% 的 CIO 个人薪酬将与他们对可持续技术的影响挂钩。

趋势九：平台工程。平台工程是构建和运营自助式内部开发平台的一门学科。每个平台都是一个由专门的产品团队创建和维护并通过与工具和流程对接来支持用户需求的层。平台工程的目标是优化生产力和用户体验并加快业务价值的实现。

趋势十：行业云平台。Gartner 预测，到 2027 年，将有超过 70% 的企业使用行业云平台（ICP）加速其业务计划，而 2023 年这一比例还不到 15%。ICP 通过可组合功能将底层 SaaS、PaaS 和 IaaS 服务整合成全套产品，推动与行业相关的业务成果。这些功能通常包括行业数据编织、打包业务功能库、组合工具和其他平台创新功能。ICP 是专为特定行业量身定制的云方案，可进一步满足企业机构的需求。

二、IDC 的预测

据 IDC 咨询的最新预测，预计到 2027 年，数据与分析软件方面的支出将以 16% 的复合年增长率增长，达到 3400 亿美元。在我国，随着数据要素、数据资产入表等政策出台，政府或企业客户对于数据中台要求逐渐变高，多维度、跨模态、跨部门、实时性、敏捷性、安全性等要求将进一步提升，背后的数据编织概念得到更多认可。对于数据与分析技术提供商，深入业务环境，从开发、决策、业务、市场、运营、人力、财务 7 个维度来定义、发现、追踪数据，了解其数据的流通规则和新的障碍，尤其是 GenAI 带来的数据训练与 prompt 需求，将尤为关键。为此，IDC 发布了《IDC Future Scape：全球数据与分析市场 2024 预测——中国启示》，报告总结了数据和分析市场未来三至五年最关心的十大趋势。

趋势一：数据评估。到 2024 年，数据评估将成为量化内部数据、人工智能和分析项目投资回报率以及收购评估的标准，但也要警惕方法论不一致的阻碍。

趋势二：空间智能。到 2025 年，中国 500 强公司将普遍使用地理定位和业务分析的组合，从而提高人工智能解决方案的精度和个性化程度。

趋势三：数据智能。到 2025 年，采用 Gen AI 驱动的数据智能和集成软件将带来新的自动化数据控制平台，从而使数据工程师的生产力至少提高 25%。

趋势四：无头商业智能（BI）。到 2026 年，超过 2/3 的中国 500 强企业将采用人工智能驱动的无头 BI 和具有聊天、问答和主动通知功能的分析平台，使得用户数量增长 100%。

趋势五：内外一致性。到 2027 年，Gen AI 将被部署来发现内部规划模型和外部经济预测之间的不一致，从而导致新的跨职能企业规划预算增加 1 倍。

趋势六：**产品迭代率**。到 2026 年，由人工智能驱动的数据和分析软件的技术供应商的发布速度和用户的采用速度之间的差异，将使技术和变革管理的支出增加 1 倍。

趋势七：**非结构化管理**。到 2027 年，Gen AI 将帮助平衡非结构化和结构化数据处理和分析软件的支出，使非结构化数据的生产利用增加 1 倍。

趋势八：**向量和图管理**。到 2027 年，结合企业知识的双重表示的需求将导致 50% 的中国 500 强企业将存储在向量数据库中的数据与图数据库结合起来进行 AI 模型训练。

趋势九：**大模型本体**。到 2028 年，75% 的中国 500 强企业将使用 LLM 来加速企业大模型本体的开发，这也会反过来指导特定 LLM 的训练，来实现知识管理和决策智能。

趋势十：**首席数据官（CDO）任期**。到 2028 年，企业 CDO 的平均任期将至少增加 1 倍，这反映出企业高管对实现更大企业智能、数据和人工智能价值创造的理解不断加深。

三、InfoQ 研究中心的预测

InfoQ 研究中心关于中国软件技术发展的洞察和趋势预测如下。

（一）云计算：AI 浪潮下，云厂商集中探索 MaaS 模式

大模型带来的技术浪潮，为云厂商指引了一条探索的路线。事实上，云厂商在 2020 年后，便陆续开始以机器学习平台的形式，加大云计算资源与 AI 的联系。2023 年，更多的云厂商开始探索 MaaS 模式。

（二）云计算：成本优化推动 2023 年云服务降价潮

与云厂商的降价潮相对应的是，企业对于云等 IT 资源投入的保守倾向。在一项用户调研中，认为公司的 IT 资源投入仍将保持稳定提升的企业比例下降了 8.71%，但认为 IT 资源投入会保持不变或者会逐步减少投入的企业比例却分别增加了 5.72% 和 5.47%。这当中，尤其是对于本身利润就不高的工业制造企业来说，作为企业 IT 资源投入最多的云计算资源，也将受到直接的影响。

（三）云计算：六大环节云化加速工业行业互联进度

工业互联网双跨平台的底层本质是工业云平台，以云计算为底层，支撑研发设计、设备管理、生产管理、用户服务、经营管理和供应链管理的云化。

（四）大数据：数据资产入表在即，数据商业模式新开端年

2023 年 8 月 21 日，财政部正式发布《企业数据资源相关会计处理暂行规定》，并规定自 2024 年 1 月 1 日起施行。2023 年 10 月 25 日，国家数据局正式揭牌。2023 年 12 月 31 日，国家数据局等 17 部门联合印发《"数据要素×"三年行动计划（2024—2026 年）》，提出到 2026 年底，数据要素应用场景广度和深度大幅拓展，数据产业年均增速超过 20%，数据交易规模增长 1 倍。这些举措标志着数据资产在评估、定价、交易环节流程标准化的新进展，国家、数据交易中心、企业等主体目前正在深入探索数据商业模式。

（五）人工智能：数字孪生助力工业生产全周期提效

数字孪生作为工业互联网的重要技术载体之一，目前不同行业已经在产品设计与工艺规划、生产制造与资源调配、设备管理及维护、设备实训、安全等环节进行了落地尝试。根据 InfoQ 研究中心统计的 150 个过百万元的数字孪生中标项目，水利和城市治理在整体中标项目数量上位列前二，水利和能源制造行业基于自身安全性的高要求，数字孪生安全项目数量多，项目平均中标金额高。

（六）人工智能：行业大模型研发探索赋能工业数字化进程

2023 年下半年，"模型热"正在延伸到工业领域，工业大模型频繁发布。但工业企业逐渐发现大模型不是"万能"的，对于大模型的能力边界也有了较为清晰的认知。目前落地成本、场景数据和人才，仍然困扰着想要尝试落地大模型的工业企业。

（七）工业互联网：双跨平台发展路径日渐清晰

2023 年，我国已培育 50 家双跨平台，其中主要平台建设/运营方分为 4 类：制造企业、工业软件企业、运营商和互联网企业。

第四十八章

2024 年中国软件产业发展形势展望

一、整体运行发展形势展望

（一）产业整体运行稳中向好，国内外市场需求的释放将为软件带来更多发展机遇

展望 2024 年，软件产业将持续保持稳中向好的基本面。从国际看，"一带一路"国际合作高峰论坛和中美元首会晤等重大事件为代表的全球合作加速演进，将为人工智能等新技术，以及平台运营服务、云服务、数据服务等信息技术服务释放新的国际市场空间。从国内看，随着制造强国、网络强国、数字中国的深入建设，以及新型工业化的加速推进，数字化发展需求及工业等各行业应用需求的不断释放，将激发以软件产品为主的产业发展新活力。据预测，2024 年软件业务收入增速为 11% 左右。

（二）基础软件在供需双方加持下加快发展，供给水平与应用效能将持续提升

展望 2024 年，我国基础软件将在开源生态的助推下，加快创新演进，带动产品供给和市场应用持续跃升。随着需求方认可度的提高，基础软件在重点行业重点领域用户中的市场份额将持续提高，并借力国内手机、智能平板、PC 等硬件发展优势获得更多消费级市场。此外，智能网联汽车、智能家电等产品的规模化发展，将为下一代新型泛在操作系统开辟更多创新应用空间。

（三）工业软件在新型工业化的大力助推下，有望步入发展快车道

展望 2024 年，伴随着产业数字化转型步伐的不断加快，工业软件产业发展将得到更大突破。一方面，作为数实融合的关键基础和核心支柱，工业软件产业需求将迎来高速增长，供给与需求更加适配，在整个软件行业中的占比将进一步增加。另一方面，随着工业软件不断向重点行业渗透，产业链上下游协同研发、集成验证、供需对接机制将不断健全，工业软件产品在稳定性、成熟度、兼容性、安全性等方面将得到全面提升。工业软件产业的需求增长以及产品性能的提升，将为我国工业软件产业的发展注入新的动力，推动我国工业软件产业迈向更高水平。

（四）大模型等新技术不断开辟软件产业竞争新赛道，软件新质生产力加速形成

展望 2024 年，以大模型为代表的新技术将进一步加速软件产业及其他行业变革，重塑以 AI 为核心的业务逻辑。从软件产业发展角度看，基于大模型的 AI 编程助手将大幅提升编程效率，AI+低代码的深度融合将打破技术壁垒，允许更多非软件专业的业务人员参与软件开发，重塑软件产业发展格局。从行业赋能角度看，大模型等新技术将深度拓展 AR/VR、元宇宙、智能机器人、MaaS 等新兴产业应用场景，并有力推动金融、能源、文娱、制造等传统行业效率提升。

（五）新型软件基础设施快速发展，软件生态将在算力、云和数据等能力融合中得到重构

展望 2024 年，随着不同形态算力网络的快速发展，多元化的算力需求将推动建立大规模软件调度平台。云原生技术将带动软件开发效率提升，基于云的软件新生态将进一步完善。更多软件技术和产品创新将更加依赖数据要素流动带来的价值。基于算力网络、云原生、数据要素等新型基础设施的软件生态将引起软硬件厂商、云服务商和数据服务商共同关注，并在大模型的激发下加快能力融合，共同推动软件产业的繁荣发展。

（六）产业集聚发展成效持续凸显，名城名园将成为关键软件供给和应用的主阵地

展望 2024 年，在国家软件发展战略的不断推进下，以中国软件名城为代表的部省市各主体将协同发力，持续推动关键软件创新供给及应用效能提升。一方面，中国软件名城评估和中国软件名园评审工作，将进一步激发名城名园提质升级的发展动力。另一方面，名城名园将在关键核心技术、短板技术、前沿技术方面实现一批重大突破，成为关键软件创新发展和应用推广的主阵地，率先在重点行业及领域形成一批应用示范。

（七）产业各方对校企合作、人才培养关注度持续提升，高校将成为产业创新发展的重要力量

展望 2024 年，校企合作、产教融合将成为满足产业需求的有效方式，软件领域校企合作将成为政产学各方发力点。一方面，在国家产教融合大方针下，高等院校、职业院校将围绕软件产业高质量发展需求，探索出一条适合各自特点的产教融合发展路径。另一方面，企业校企合作将由单点式向多元化、一体化转变，在人才等基础需求上，在技术攻关、生态共建上将与高校开展更全方位的合作。

二、重点领域发展展望

（一）基础软件

操作系统领域：我国操作系统发展将呈现出四大趋势：一是产业生态进一步繁荣，基于国产底层架构的软件应用生态、运维服务体系将不断健全；二是行业应用走深拓广，将逐渐党政、金融、电信等领域向医疗、教育、交通等更多领域拓展；三是 AIGC（人工智能生成内容）将成为影响操作系统发展的新因素，交互方式与智能水平将成为产品竞争力的又一考量；四是国内开源社区的建设将成为促进技术共享和协同创新、推动软硬件协同开放创新、打造完善产业生态的重要力量，如龙蜥社区、欧拉社区、Deepin 社区等。

数据库领域：我国数据库发展将呈现出四大趋势：一是随着 IT 架构从单机或主备架构逐渐向大规模集群化发展，对数据库的扩展性、处理性能的更高要求将推动原生分布式、共享存储等技术路线发展；二是越来越多的数

据库开始向云端迁移，上云成为数据库部署方式转变的一大趋势；三是面对异构数据、海量应用和大规模用户对产品性能的新需求，AI 算法、AI 芯片将成为提升数据库产品性能、丰富产品功能的主要手段；四是数据呈现指数级增长态势，数据隐私保护和数据安全将成为数据库产品的重要考量维度。

中间件领域：我国中间件发展将呈现出三大趋势：一是为满足云计算、区块链和 AI 大模型等前沿技术的需求，中间件产品云化、平台化、移动化发展持续加快，云计算架构适配、传统中间件升级方面的新产品将不断涌现；二是中间件供应商与硬件、云服务提供商的合作关系更加紧密，向传统操作系统层渗透，向平台化发展；三是为上层应用的结构设计和部署提供有效的支持，并为解决软件复用问题提供支持，中间件也向构件化发展。

办公软件领域：当前，移动办公、智能协同已成为办公软件发展的新趋势。随着微软正式发布接入 GPT 的 Office 365 Copilot 产品，办公软件未来的使用与交互方式将彻底被大模型颠覆。在不远的将来，具有 LLM 智能化技术进行底层支撑的办公产品将会赢得新一轮发展主动权，向着智能化、集成化、云端一体化方向进一步发展。

（二）工业软件

产业发展迎来多重增长动力。数字经济时代，制造业依然是经济社会高质量发展的重要支撑，是新质生产力的重要载体。工业软件作为实现新型工业化的重要基础能力，有望迎来高速增长需求。一方面，国家及地方各项支持政策走深走实，以破解工业软件产业发展问题为出发点，相关配套政策更加多样，服务更加精准，助推国产工业软件创新突破。另一方面，发展先进制造已成为行业共识，各国将制造业数字化转型作为抢占新一轮科技革命、产业革命的制高点。我国围绕产业基础再造、产业基础高级化等重点布局一批项目，工业软件作为支撑制造业数字化转型的基石，面向国内超大规模市场优势，内生需求不断释放，为做大做强工业软件产业提供重大机遇。

工业软件融合创新应用逐步深化。工业软件的重要性基本达成共识，部分国产工业软件实现从"0"到"1"的技术突破，加之出于稳定性和安全性考虑，越来越多的制造企业开始尝试使用国产工业软件产品，这给我国工业软件升级迭代，从"可用"阶段迈向"好用"阶段提供绝佳机会，国产工业软件认可度逐步提升。加之伴随工业"智改数转网联"向重点行业纵深推进，新能源汽车、电子信息、高端装备等应用场景不断开放，工业软件产品和应用解决方案将在多个领域实现融合创新应用。

新数字技术推动工业软件创新发展。人工智能、云计算等新一代信息技术与工业软件融合推动工业软件产品从单一化、孤岛化向一体化、协作化加速转变，软件的研发模式和服务模式更加多元。更多国际主流研发设计厂商抓紧布局"工业软件+AI"等新技术赛道，生成式人工智能 GenAI 有望成为工业智能化的新引擎，这也为国产工业软件"弯道超车"提供难得机遇。与此同时，人工智能为工业软件注入创新动能的同时，也为企业管理带来新的挑战，需要企业及时调整方向，适应技术和产业变革。

（三）信息技术服务

产业规模将持续增长。2024 年是"十四五"目标实现的关键一年，在国家政策的持续推动和数字经济的快速发展下，信息技术服务有望实现较大幅度恢复性增长。尤其是在行业数字化升级、企业数字化转型的大趋势下，信息技术服务将贯穿从前端咨询到后端运营的各个环节，迎来新一轮增长期。此外，随着产业相关技术水平的提升和服务模式的优化，信息技术服务国际市场亦有望进一步扩大。

服务模式将持续变革。2024 年，随着数字化转型的深入推进，企业对信息技术服务的需求将逐渐由技术层向业务层、管理层拓展，需要信息技术服务商同时具备对客户产业链的整合能力、对先进技术产品发展趋势的判断能力，以及针对复杂组织架构的运营管理经验，从而提供跨品牌、跨平台的信息技术服务整体解决方案。此外，人工智能、大数据、云计算等新一代信息技术相互融合，将带动信息技术服务产业结构升级，催生新的服务内容、形态与模式。

人工智能将持续赋能。2024 年，人工智能将在信息技术服务业中扮演更加重要的角色。人工智能应用于信息技术服务，可通过智能化系统和算法帮助服务商更快速地响应和解决客户需求，通过数据分析和预测支撑服务商为客户提供更精准的建议和全面的解决方案，通过语音识别和自然语音处理技术帮助客户更便捷地咨询和获取解决方案。因此，人工智能技术的不断成熟，将更好地赋能信息技术服务，为服务商和客户提供更高效、更智能的体验。

（四）嵌入式软件

嵌入式软件智能互联水平进一步升级。随着人工智能大模型在端侧的落地应用探索不断深入，嵌入式软件应用场景不断扩展至个人生活、家庭生活、工业运行的方方面面，嵌入式系统之间、嵌入式系统与云上的信息交换更为复杂且频繁，各类移动设备、智能家居、汽车、机器人等嵌入式系统将具备更智能的嵌入式软件功能，云边端协同互联程度加深，人机交互方式更为灵活。

嵌入式软件个性化体验不断优化。 在新技术推动下，嵌入式软件开发不仅要满足基本的功能要求，更要注重用户体验的个性化和定制化需求。基于云计算、大数据、人工智能等新技术深入分析用户需求、行为和偏好，可以为用户提供更加人性化、智能化、定制化的服务，从而提升用户满意度和忠诚度，并通过整合协同推动规模化创新，适应全场景下企业用户和个人用户不同需求。

嵌入式软件与硬件融合发展程度加深。 智能化趋势下，嵌入式系统软件的数据和算法对配套的硬件能力提出了更高的要求，在硬件技术自身发展的同时，深度融合的软件也在优化硬件的计算能力和数据处理速度，实现深度协同、互补互促。软硬件的紧密融合不仅能够提升系统的性能和可靠性，还能有效降低成本，缩短产品的研发周期，实现资源共享和功能互补，以达到更高的系统效率。

（五）云计算

云计算服务逐步向智算云服务迈进。 随着人工智能发展带来了智能算力需求爆炸式增加，传统的通用云服务正在逐步升级，向智算云服务迈进。云计算将不再局限于 IT 计算本身，而是面向人工智能技术和产业发展需求，提供包括算力、模型、数据、生态等与智能化发展相关的全方位创新服务，构建开放兼容、多元协作、互利共赢的服务生态，并将成为破解算力资源紧张、降低算力成本的关键抓手。

企业上云逐步进入深度用云阶段。 随着云计算应用的深入，行业应用将逐渐从"资源上云"迈入"深度用云"，呈现出从资源上云到架构用云、从粗放使用到精细治理、从功能优先到安全稳定兼顾的发展特点，推动以云资源管理能力提升云上资源利用率，以云原生应用开发能力提升企业应用开发效率，以新技术融合能力降低新兴技术应用复杂度，进入了云应用时代。

云计算创新发展生态将持续完善。 随着我国云计算市场基本迈入稳定发展阶段，云服务商将围绕自身优势加速完善产业生态圈建设，充分发挥企业带动作用和技术溢出效应，推动与不同类型的软件应用服务商、集成商和行业用户等云计算产业链各方形成合力，共同构建具有创新应用能力、繁荣健康的云计算产业生态，实现云计算产业和服务的再升级。

（六）大数据

一是大数据产业规模继续保持增长态势。大数据和数字经济互为表里、互促共进。随着数字经济蓬勃兴起，大数据发展从以技术为中心向以价值为中心转移，外在表征逐步减弱，核心驱动作用不断增强，制度、产业、应用、发展环境与数字经济形成紧密联动。展望 2024 年，以网络化、数字化、智能化为代表的数字经济，正在不断创造新的生产供给、激发新的需求、拓展新的发展空间。数字化转型和智能化升级的需求使得企业对底层数据产生更多要求，进而持续带动大数据平台的发展。同时，随着 AI 大模型在企业组织中的广泛落地和使用，大数据产品服务加速创新，大数据独角兽企业加速涌现，推动大数据产业迅猛发展。

二是数据要素价值加速释放。展望 2024 年，随着国家数据局的揭牌与运行，全国各地积极落实"数据二十条"的战略部署，探索和制定与数据相关的制度，国家数据局等 17 个部门联合印发《"数据要素×"三年行动计划（2024—2026 年）》，为数据要素的创新应用、进一步释放数据要素潜力提供了可能，进一步加速了数据要素的市场培育和价值释放。

三是 AI 及数据驱动加速制造业能级提升。国内发布的 10 亿参数规模以上的大模型数量已超过 100 个，并涌现出可免费商业授权的开源大模型，极大降低了大模型的商用门槛。展望 2024 年，随着 AI 的广泛应用，算法效率不断提高，推动基于海量数据实现整个知识和产品的生产路径缩短、效率提高，各行业企业加速挖掘数据要素价值，赋能制造业数字化转型发展，打造大数据产业发展新高地。

（七）人工智能

向大向小双向发展。一方面，规模定律将在一定时期内推动人工智能基础大模型向更高复杂度演进。OpenAI 提出规模定律（Scaling Law），即大模型的性能将随着模型参数量、训练数据量和计算算力的增大而增大，也就是"大力出奇迹"。当前大模型的发展仍然符合规模定律，各大科技企业竞相通过提高模型复杂度来获得更高的性能。如 GPT-1 模型参数仅为 1.17 亿，而

GPT-4 的模型参数高达 1.8 万亿，而据 OpenAI 称，GPT-5 性能将比 GPT-4 提升 50%～100%，参数量将达到 10 万亿。我国大模型的参数量也不断提高，如我国 10 亿参数规模以上的大模型数量已经超过 100 个，这些模型在电子信息、医疗、交通等领域深度赋能，形成了上百种应用模式，赋能千行百业。但是也不排除随着模型复杂度到达一定程度后，会产生"边际效应递减"的可能。另一方面，要推动大模型落地，大模型逐步变小已成为重要发展方向。大型基座大模型的预训练模型通常拥有数十亿乃至数千亿的参数，这要求极高的计算资源和存储空间，导致部署和运行成本高昂。为了让更多客户能够用得上、用得好大模型，使其在保持核心效能的同时，通过剪枝、量化、蒸馏等技术减小模型规模，成为现实需求。例如，Stable Diffusion 等参数超过 10 亿的模型已能够在手机上运行，且性能和精确度达到与云端处理类似的水平，未来拥有 100 亿或更多参数的生成式 AI 模型也将有望在终端上运行。

"AI+云"将成为未来发展方向。一方面，云计算为人工智能大模型训练和推理提供充足的算力。随着大模型参数不断扩大，对智能算力的需求爆发式增长，普通小型数据中心是没有能力支撑其庞大算力需求的。以 OpenAI 的 GPT-4 为例，其参数量为 1.8 万亿，需要在 25000 张 A100 芯片上训练 90 到 100 天。当前，全球领先人工智能大模型都是通过云进行训练的。例如，OpenAI 使用微软云训练 GPT-4，Anthropic、Meta 使用亚马逊云训练 Claude、LLaMA，谷歌使用谷歌云训练 Gemini，马斯克的 xAI 使用 Oracle 训练 Grok。另一方面，人工智能只有部署在云上才能更有利于全球拓展，如 ChatGPT 借助微软 Azure 的全球用户覆盖能力，仅用 1 个月的时间用户量就达到 2 亿。在人工智能时代，创新要"与时间赛跑"，使用云可以"即刻"获得充足的算力支持和丰富的开发工具，让创新组织能够"先人一步"。

"AI+端"成为推动大模型落地的重要抓手。如果想通过人工智能推动整个社会迈入智能化阶段，那么人工智能需要融入我们生产生活中的方方面面，推动所有终端具有智能是必然选择。2024 年 5 月，微软发布 Copilot+PC，推动人工智能大模型能力落地计算机终端领域，大力发展 AIPC。微软消费者营销主管 Yusuf Mehdi 表示，微软预计明年将售出 5000 万台 AIPC。除微软外，联想、戴尔等也推出了联想 Yoga Book 9i 元启版、戴尔灵越等 AIPC。此外，除了在个人电脑端侧外，荣耀、小米、华为、OPPO、vivo、三星、苹果等国内国际众多手机厂商也加紧在手机端集成生成式人工智能能力，如荣耀发布 Magic OS 8 并推出任意门功能，三星发布 S24，苹果计划在 IOS 18

中引入 Ferret-UI。此外，许多头部公司还将生成式人工智能技术与自身产业生态结合，如苹果推出 VR 眼镜等可穿戴设备；华为将鸿蒙系统与汽车产业结合，研发智能汽车和自动驾驶技术。

（八）开源软件

开源软件供应链安全将成为新的重要议题。开源软件已成为软件供应链的重要组成环节。大量的第三方开源组件被放到产品中，一定程度上也使得软件供应链安全面临更大的治理压力。此外，受外部政治因素影响，开源运动面临更多的发展不确定性。综合来看，强化开源软件安全保障，支撑推动我国软件产业链供应链高质量发展，是贯彻国家软件发展战略，提升产业自主可控水平的客观需求。一方面，我国企业应逐步重视开源风险，将开源纳入企业科技风险治理范畴，积极建立开源治理体系规避开源风险。另一方面，国家层面也应建立完善与开源发展相适配的产品采购、应用监测、风险预警等机制。

正确合理的商业模式将成为开源良好发展的促进剂。开源发展乃大势所趋，已成为全球技术创新的主流模式，并正赋能千行百业，越来越多的开源项目与开源技术深刻影响着前沿领域的技术演进方向。从全球范围看，专业化商业开源企业将成为推动开源项目发展、规范繁荣开源社区的重要力量。构建行之有效的开源商业模式，形成涵盖"产品-社区-商业"等多环节的良性发展回路，将是未来开源软件发展、开源生态建设最重要的课题之一。从长期看，未来开源企业商业价值将持续维持高位，围绕开源领域的投融资活动将持续增多。

后　记

《2023—2024 年中国软件产业发展蓝皮书》由中国电子信息产业发展研究院编撰完成，力求为中央及地方各级政府、相关企业和研究人员把握软件和信息技术服务业的发展脉络、研判其前沿趋势提供参考。

本书由朱敏副院长担任主编，韩健统稿。全书主要分为综合篇、领域篇、区域篇、园区篇、企业篇、政策篇、热点篇和展望篇 8 个部分。本书主要撰写人员如下：前言由韩健撰写，综合篇由杨婉云、王菲撰写，领域篇和企业篇由王琼洁、赵振利、王越、王令泰、王婧、刘丽超、王宇霞、黄文鸿撰写，区域篇由黄文鸿、王菲、孙悦、李昕跃撰写，园区篇由黄文鸿、杨婉云、王菲、王令泰、李昕跃撰写，政策篇由李梓祎撰写，热点篇由李昕跃、李梓祎、王令泰、杨婉云撰写，展望篇由李梓祎、王菲、王琼洁、赵振利、王越、王令泰、王婧、刘丽超、王宇霞、黄文鸿撰写。参与本书撰写的实习人员有薛潇、杨航、白稼莹、廖思瑜。

在研究和撰写过程中，本书得到了工业和信息化部信息技术发展司领导及行业协会专家的大力支持和指导，在此一并表示诚挚的感谢。

本书虽经过研究人员和专家的严谨研究和不懈努力，但由于能力和水平所限，疏漏和不足之处在所难免，敬请广大读者和专家批评指正。同时，希望本书的出版，能为我国软件和信息技术服务业管理工作及产业高质量发展提供有效支撑。

中国电子信息产业发展研究院

反侵权盗版声明

电子工业出版社依法对本作品享有专有出版权。任何未经权利人书面许可,复制、销售或通过信息网络传播本作品的行为,歪曲、篡改、剽窃本作品的行为,均违反《中华人民共和国著作权法》,其行为人应承担相应的民事责任和行政责任,构成犯罪的,将被依法追究刑事责任。

为了维护市场秩序,保护权利人的合法权益,我社将依法查处和打击侵权盗版的单位和个人。欢迎社会各界人士积极举报侵权盗版行为,本社将奖励举报有功人员,并保证举报人的信息不被泄露。

举报电话:(010)88254396;(010)88258888

传　　真:(010)88254397

E-mail: dbqq@phei.com.cn

通信地址:北京市海淀区万寿路 173 信箱
　　　　　电子工业出版社总编办公室

邮　　编:100036

赛迪智库

面向政府·服务决策

奋力建设国家高端智库

思想型智库　国家级平台　全科型团队
创新型机制　国际化品牌

《赛迪专报》《赛迪要报》《赛迪深度研究》《美国产业动态》《赛迪前瞻》

《赛迪译丛》《国际智库热点追踪周报》《工信舆情周报》《国际智库报告》

《新型工业化研究》《工业经济研究》《产业政策与法规研究》《工业和信息化研究》

《先进制造业研究》《科技与标准研究》《工信知识产权研究》《全球双碳动态分析》

《中小企业研究》《安全产业研究》《材料工业研究》《消费品工业研究》《电子信息研究》

《集成电路研究》《信息化与软件产业研究》《网络安全研究》《未来产业研究》

思想，还是思想，才使我们与众不同
研究，还是研究，才使我们见微知著

新型工业化研究所（工业和信息化部新型工业化研究中心）
政策法规研究所（工业和信息化法律服务中心）
规划研究所
产业政策研究所（先进制造业研究中心）
科技与标准研究所
知识产权研究所
工业经济研究所（工业和信息化经济运行研究中心）
中小企业研究所
节能与环保研究所（工业和信息化碳达峰碳中和研究中心）
安全产业研究所
材料工业研究所
消费品工业研究所
军民融合研究所
电子信息研究所
集成电路研究所
信息化与软件产业研究所
网络安全研究所
无线电管理研究所（未来产业研究中心）
世界工业研究所（国际合作研究中心）

通讯地址：北京市海淀区万寿路27号院8号楼1201 邮政编码：100846
联系人：王 乐   联系电话：010-68200552 13701083941
传   真：010-68209616   电子邮件：wangle@ccidgroup.com